HISPANIC TEXTS

general editor Professor Peter Beardsell
  Department of Hispanic Studies, University of Hull

series previously edited by Emeritus Professor Herbert Ramsden

series advisers
Spanish literature: Professor Jeremy Lawrance
  Department of Spanish and Portuguese Studies, University of Manchester
US adviser: Professor Geoffrey Ribbans, Brown University, USA

Hispanic Texts provide important and attractive material in editions with an introduction, notes and vocabulary, and are suitable both for advanced study in schools, colleges and higher education and for use by the general reader. Continuing the tradition established by the previous *Spanish Texts*, the series combines a high standard of scholarship with practical linguistic assistance for English speakers. It aims to respond to recent changes in the kind of text selected for study, or chosen as background reading to support the acquisition of foreign languages, and places an emphasis on modern texts which not only deserve attention in their own right but contribute to a fuller understanding of the societies in which they were written. While many of these works are regarded as modern classics, others are included for their suitability as useful and enjoyable reading material, and may contain colloquial and journalistic as well as literary Spanish. The series will also give fuller representation to the increasing literary, political and economic importance of Latin America.

La vida de Lazarillo de Tormes

MANCHESTER
UNIVERSITY PRESS

HISPANIC TEXTS

also available

forthcoming

La vida de Lazarillo de Tormes
y de sus fortunas y adversidades

edited with introduction and notes by

R. O. Jones

Manchester University Press
Manchester and New York

distributed exclusively in the USA by St. Martin's Press

Introduction, Notes, etc © R. O. Jones 1963

Published by Manchester University Press
Oxford Road, Manchester M13 9NR, UK
and Room 400, 175 Fifth Avenue, New York, NY 10010, USA

Distributed exclusively in the USA by
St. Martin's Press, Inc., 175 Fifth Avenue, New York, NY 10010, USA

Distributed exclusively in Canada by
UBC Press, University of British Columbia, 6344 Memorial Road,
Vancouver, BC, Canada V6T 1Z2

British Library Cataloguing-in-Publication Data
A catalogue record for this book is available from the British Library

Library of Congress Cataloging-in-Publication Data applied for

ISBN 0 7190 0210-9 *paperback*

First published 1963

05   04   03   02   01   00   99   98   15   14   13   12   11   10

Printed in Great Britain
by Bell & Bain Ltd, Glasgow

CONTENTS

PREFACE

THIS edition is intended for both the sixth-former and the University student. The introduction presents the bibliographical and other historical facts that a student of *Lazarillo* requires, but the main emphasis falls on the interpretation of the book, whose subtlety and irony are not always easy to penetrate. The notes show variant readings in the Alcalá and Antwerp editions, and they are also intended to clarify difficult or archaic words and constructions.

In the case of a book so widely and thoroughly studied as *Lazarillo*, any new edition is bound to be heavily indebted to earlier workers, too numerous for all of them to be named. I wish, however, to acknowledge a special debt to Professors E. M. Wilson, A. A. Parker and J. W. Rees for their advice and encouragement. I am grateful to Professor Rees for two philological notes which he supplied. My thanks, too, to Mr W. V. Thomas, with whom I first read *Lazarillo*.

R. O. JONES

1963

INTRODUCTION

I

La vida de Lazarillo de Tormes y de sus fortunas y adversidades was published anonymously. It appeared in 1554 in three distinct editions, the earliest known to us. The book was evidently a success from the start: the printers of the second and third of these editions (whichever those were) must have been supplying a known demand; and that demand was great enough for a continuation to be immediately written and published (Antwerp, 1555). Within a few years a translation into French appeared (1560).

The anonymity of such a popular book inevitably aroused speculation about its author, and it has continued to do so. The first name to be put forward, so far as is known, was that of Fray Juan de Ortega, a Jeronymite who in 1552 was elected General of his order. Fray José de Sigüenza wrote in his *Historia de la Orden de San Gerónimo* (Madrid, 1605, III, p. 184):

Dicen que siendo [fray Juan] estudiante en Salamanca, mancebo, como tenía un ingenio tan galán y fresco, hizo aquel librillo que anda por ahí, llamado Lazarillo de Tormes, mostrando en un sujeto tan humilde la propiedad de la lengua castellana y el decoro de las personas que introduce con tan singular artificio y donaire, que merece ser leído de los que tienen buen gusto. El indicio desto fue, haberle hallado el borrador en la celda de su propia mano escrito.[1]

This claim has been revived and given strong support in modern times by A. Morel-Fatio[2] and by Marcel Bataillon.[3] Certainly, Sigüenza's description of Fray Juan ('. . . hombre de claro y lindo ingenio, y para mucho . . .') and his turbulent career shows that he did not lack the ability or the temperament to write the book.

[1] *Nueva biblioteca de autores españoles*, vol. XII (Madrid, 1909), p. 145.
[2] *Vie de Lazarille de Tormès* (Paris, 1886), p. xvi.
[3] *La Vie de Lazarillo de Tormès* (Paris, 1958), pp. 14–16. M. Bataillon's introduction to this edition is an excellent general study.

Another name was put forward within a very short time: Valerius Andreas, in his *Catalogus Clarorum Hispaniae Scriptorum* (Mainz, 1607, p. 44), attributed the book to Don Diego Hurtado de Mendoza ('Poemata etiam vernaculè pangebat, & lepidum libellum Lazarilli de Tormes'). The attribution to Mendoza—one of the most distinguished and many-sided men of his time—was repeated in less definite terms by Fr. André Schott in his *Hispaniae Bibliotheca* (1608, p. 543: 'Eius esse putatur satiricum illud ac ludicrum *Lazarillo de Tormes*, cum forte Salmanticae civili iuri operam daret'). M. Bataillon holds that the opinion may have derived from Schott in the first place, since he had lived for a considerable time in Spain.[1] Mendoza's name was again put forward by Tamayo de Vargas in his manuscript *Junta de libros la mayor que España ha visto hasta el año 1624* (now in the Biblioteca Nacional, Madrid), and by Nicolás Antonio (*Bibliotheca Hispana Nova*, Madrid, 1783, I, p. 291, where Ortega's name is also mentioned). Since the opinion may originally have been Schott's alone, we cannot allow these references to have the force of four separate testimonies. One of the strongest statements of the case has been that by A. González Palencia, who pointed out that Valerius Andreas was right concerning the other works he attributed to Mendoza; that Mendoza's letters show him to be a master of a colloquial and witty Castilian style; that the anticlericalism of his letters accords well with the tone of *Lazarillo*; and that his disgrace in 1552 was a good reason for his not admitting his authorship of a book like *Lazarillo*.[2] Certainly, Mendoza's style in his letters is as pithy and pungent as anything in *Lazarillo*, especially in his letters from Rome during the Papal elections of 1550. Of one candidate he writes: 'Ridolfi . . . cargado de hijos y de vicios.' Of Ridolfi and two others he writes: 'El ánima de todos tres creo sería darse al diablo por ser Papas.' Regarding a complaint that his support for the can-

[1] *Op. cit.*, pp. 8-9.
[2] A. González Palencia, 'Leyendo el "Lazarillo de Tormes" ' in *Del 'Lazarillo' a Quevedo* (Madrid, 1946, pp. 22-30). See also A. González Palencia y Eugenio Mele, *Vida y obras de don Diego Hurtado de Mendoza* (Madrid, 1943, III, pp. 206-22).

didacy of the Cardinal of Burgos had been lukewarm, he affirmed: 'Si porque yo no me desasosegué y anduve saltando por las calles "¡Burgos, Burgos!" no lo he ayudado, está en error . . .'[1] The vigour and elliptical directness of *Lazarillo* are equalled in phrases like these.

In 1874 J. M. Asensio, who in that year published Sebastián de Horozco's hitherto unpublished *Cancionero*, drew attention to the presence of a blind man and his *mozo* called Lazarillo in Horozco's *Representación de la historia evangélica del capítulo nono de Sanct Joan*. At the end of a scene between them, Lazarillo plays on his master the trick that he plays at the end of the first *tratado* of the novel, and mocks him in almost the same words:

CIEGO	Aguija, vamos aína.
	¡Ay que m'he dado, mezquino!
LAZARILLO	Pues que olistes el tocino,
	¿cómo no olistes la esquina?[2]

Asensio's suggestion that Horozco was the author of both play and novel was taken up enthusiastically by Julio Cejador, who tried to strengthen the hypothesis by seeking further parallels between Horozco's work and *Lazarillo*.[3] The parallels are trivial, however, and prove nothing. The *Representación* proves nothing, either, since it may easily be later than 1554, in which case Lazarillo's gibe (the foundation of the whole theory) could well be simply a borrowing from a current best-seller. The case for Horozco was irreparably damaged by Emilio Cotarelo.[4]

Following the suggestion by Morel-Fatio that the author

[1] *Algunas cartas de don Diego Hurtado de Mendoza*, ed. A. Vázquez and R. Selden Rose (Yale University Press, New Haven, 1935), pp. 149 and 167.
[2] Sebastián de Horozco, *Cancionero* (Sociedad de Bibliófilos Andaluces, Sevilla, 1847), p. 158.
[3] Introduction to *La vida de Lazarillo de Tormes* (Clásicos castellanos, Madrid, 1914).
[4] In his incomplete edition of Horozco's *Refranes glosados*, *Boletín de la Real Academia Española*, II (1915), pp. 683–4 *n*. In support of Cejador, F. Márquez Villanueva has recently searched for evidence in the *Refranes* ('Sebastián de Horozco y el Lazarillo de Tormes', *Revista de Filología Española*, XLI, 1957, pp. 253–339). The parallels he finds are so trivial as to constitute a final condemnation of the hypothesis.

was to be found 'aux alentours des frères Valdès, dans ce milieu d'esprits très libres, très préoccupés de questions sociales, politiques et religieuses, en littérature disciples et imitateurs de Lucien',[1] there have been attempts to show that the book was written by an Erasmian. M. Bataillon has shown[2] that there is nothing in the book to support this: its anticlericalism is not sufficient evidence, and the book lacks completely the insistence on the inwardness of true worship and on the need to live the 'philosophy of Christ' which distinguishes Erasmus' teaching.

As will be obvious by now, there is not enough evidence to allow any hypothesis concerning the author to be put forward with any confidence. The strongest claims (because they are the earliest and hence made when oral tradition may still have been trustworthy) are those made for Diego Hurtado de Mendoza and Fray Juan de Ortega; and of these two the first claim seems to me the stronger: as González Palencia pointed out, Valerius Andreas' other statements concerning Mendoza are true, and there is no final argument against him. The argument for Fray Juan is weaker: the manuscript found in his cell cannot strictly be considered as proof of anything except his interest in *Lazarillo*. To make a manuscript copy of a printed book was not an uncommon practice. Neither claim can be proved but, on the other hand, neither can be dismissed out of hand. The question is still open and will remain open until documentary evidence appears.

II

Three separate editions of the book appeared in 1554: at Burgos (B), Alcalá (Al) and Antwerp (An).[3] The first serious

[1] *Ed. cit.*, p. xvi.

[2] M. Bataillon, *Erasmo y España* (Mexico, 1950), II, pp. 211–13. Reviving Morel-Fatio's suggestion, Manuel J. Asensio (in 'La intención religiosa del *Lazarillo de Tormes* y Juan de Valdés', *Hispanic Review*, XXVII, 1959, pp. 78–102) has argued from the abundance of religious references in the work that its author was an *alumbrado*.

[3] All three editions have been published in facsimile (Cieza, 1959) by Antonio Pérez Gómez, with a prologue by Enrique Moreno Báez.

discussion of the relationship between these editions was made by Morel-Fatio, who concluded that B was the first of the three since Al describes itself as a *segunda impresión* and since there appeared to be reasons for thinking that An was published late in the year.[1] J. Fitzmaurice-Kelly argued,[2] however, that since Al is dated February 26, 1554, B cannot be the first edition: there would scarcely have been time, even if B had appeared on January 1, for Al's lengthy interpolations (see Appendix) to be written, for type to be set up and for the edition to be run off by February 26. This view was supported by R. Foulché-Delbosc, who concluded that the three editions appeared in the order Al, B, An, and that all three derived from a lost prototype, which might have been the Antwerp edition of 1553 referred to in Brunet's *Manuel du libraire* (4th ed., Paris, 1842, II).[3] Foulché-Delbosc attempted to recover the hypothetical prototype by conflating the three editions of 1554. His method—to take the majority reading when two texts agreed against the third—meant, in effect, that he was conceding equal authority to the three: in consequence the result is worthless as a critical text.[4]

The most exhaustive study of the relationship between the three editions of 1554 is that by A. Cavaliere,[5] who demonstrated conclusively that B is clearly differentiated from Al and An in several significant ways. B's is the least polished

[1] A. Morel-Fatio, *Études sur l'Espagne*, Première série (Paris, 1888). My reference is to the second edition (1895), p. 117.

[2] In articles in *The St. James Gazette* (Sept. 1888) and *The Outlook* (Feb. 1900).

[3] R. Foulché-Delbosc, 'Remarques sur *Lazarillo de Tormes*', *Revue Hispanique*, VII (1900), pp. 81–97. Brunet's is not the only reference to a lost edition earlier than 1554. A. Bonilla y San Martín (in his edition of *Lazarillo*, Madrid, 1915, p. xiv) mentions a reference by the Duque de T'Serclaes de Tilly to 'cierta edición de 1550, impresa fuera de España'. These pre-1554 editions, if they ever existed, have not come to light.

[4] *La vida de Lazarillo de Tormes* . . . Restitución de la edición príncipe por R. Foulché-Delbosc (Barcelona–Madrid 1900). It is a pity that M. Bataillon's excellent introduction (*ed. cit.*) should be attached to the Foulché-Delbosc text.

[5] *La vida de Lazarillo de Tormes* . . ., ed. Alfredo Cavaliere (Naples) 1955). For the most recent analysis of the textual problem, see: A. Rumeau, 'Sur les "Lazarillo" de 1554. Problème de filiation', *Bulletin Hispanique* (1969).

as well as the most vigorous style, whose vitality is diminished by the more regular texts of Al and An, whose emendations deprive the text of some of its savour and personality. B's elliptical style is frequently 'corrected' by the others, and some vividness and directness is lost thereby, as when Lázaro describes how he addressed the *escudero*: '. . . y con todo, disimulando lo mejor que pude [le dije]: "Señor, mozo soy . . ." ' (Al and An additions in square brackets). This impoverishment is seen at work in the smallest details. B describes the blind man's vigilance thus: 'Él traía el pan y todas las otras cosas en un fardel de lienzo que por la boca se cerraba con una argolla de hierro y su candado y *su* llave, y al meter de *todas* las cosas y sacallas, era con tan gran vigilancia y tanto por contadero, que no bastara *hombre en* todo el mundo hacerle menos una migaja.' Al and An omit the words in italics, and the effect of meticulous care is to that extent diminished. Cavaliere's arguments are not all equally convincing, but the general conclusion—that B is the most vigorous text (and the most archaic: *ed. cit.*, pp. 36–8)—seems irrefutable. For the present edition, therefore, B is the basis; the few deviations will be discussed in the notes.

When was the book written? It ends with the words: 'Esto fue el mesmo año que nuestro victorioso Emperador en esta insigne ciudad de Toledo entró y tuvo en ella cortes, y se hicieron grandes regocijos, como vuestra merced habrá oído.' There are only two Cortes that could be in question: those of 1525 and those of 1538–9. The Emperor Charles V could very well be called *victorioso* after the resounding defeat of the French at Pavia in 1525, when François I was brought a prisoner to Madrid. Support for this date has been seen in Lázaro's words in the second *tratado*: 'en aquel tiempo no me debían de quitar el sueño los cuidados del rey de Francia'. The internal chronology of the story is consistent with this dating. The *armada contra moros* in which Lázaro's father died could be the action at Los Gelves (Jerba) in 1510; and if the boy was then eight, he would be 23 in 1525, a credible age at which to become *pregonero* and marry. On the other hand,

the *armada contra moros* could equally well be the capture of
Los Gelves by Hugo de Moncada in 1520, so that the Cortes
would then be those of 1538. The Cortes of 1525 and 1538
were both memorable in their way: the first for their joyful-
ness, the second for their stormy nature when the Emperor's
demands were refused. There seems to me to be no decisive
argument in favour of either. *Victorioso* offers some difficulty
if the second date is preferred: there was no victory in 1538
to recall. The word can be taken, however, as an equivalent
of conventional epithets like *invicto*. The reference to the King
of France is not necessarily to François I. In its context
(Lázaro is describing how he used to lie awake with hunger)
los cuidados del rey de Francia sounds more like a proverbial
phrase than a reference to a specific historical event. Similar
proverbial phrases were collected by Correas:[1] *hacerle saltar
por el rey de Francia* (defined by Correas as 'apremiar mucho, a
uno') and *Saltar por el rey de Francia* ('Tómase por hacer vio-
lencia y dar pesadumbre': *salta por el rey de Francia* was a com-
mand to performing dogs to jump through a hoop). The
phrase as used in the *Lazarillo* cannot be used as proof of a
date. A final point: the author of the 1555 *Segunda parte* (as
well as Juan de Luna in his *Segunda parte* of 1620) clearly
assumed that the Cortes referred to were those of 1538, for
Lázaro is sent off not long after his marriage on the North
African expedition of 1541. Since the flimsy and inconclusive
nature of the internal evidence does not give clear support
to either date, I am inclined to accept this decision by a con-
temporary in favour of 1538. Whichever date is preferred,
however, it establishes only a *terminus a quo*: there is nothing
to show precisely when between 1525 (or 1538) and 1554 the
book was in fact written. Its author may have felt that the
historical references were necessary to anchor the story firmly
in time and to heighten its verisimilitude. We can console
ourselves for our ignorance by reflecting that though it would
be gratifying to know exactly when Lázaro's creator sat down

[1] Gonzalo Correas, *Vocabulario de refranes y frases proverbiales*, 2nd ed.
(Madrid, 1924), pp. 231 and 442.

to write, it is not likely that the knowledge would help us to understand the book better.

Owing to the possibility that the book was composed many years before, there has been a persistent belief in a lost pre-1554 edition. Cavaliere, holding that the book was written in 1525-6, finds it incredible that the book should not have been printed for 28 or 29 years, especially since the author insists in his prologue on his hope for fame: 'porque si así no fuese, muy pocos escribirían para uno solo, pues no se hace sin trabajo, y quieren, ya que lo pasan, ser recompensados, no con dineros, mas con que vean y lean sus obras, y si hay de qué, se las alaben'. He concludes that the book must have been printed soon after its composition, and he postulates, indeed, a series of editions between 1525 and 1553, from which the 1554 editions would in their various ways derive (*ed. cit.*, p. 13). The ironic words of the preface (it is 'Lázaro's', we must remember, not his author's) must not be taken too literally. Al's *segunda impresión* is puzzling, nevertheless. What is the first edition whose existence it implies? This may be B after all, in spite of Fitzmaurice-Kelly and Foulché-Delbosc. It is perfectly credible that such a little book (Al has 46 folios 8⁰) could have been set up and printed very rapidly, especially if it was intended to compete with a profitable rival. It may seem unlikely that Salzedo should speak of his own publication as a second impression unless he had also printed the first, but the objection is not decisive: books were frequently announced as a *nueva edición*—admittedly not quite the same thing—when they were issued by a printer who had not issued the earlier edition. There is, in fact, no good evidence for an edition earlier than 1554. A hypothetical date of composition can prove nothing. Furthermore, such striking differences as exist between the three editions of 1554 suggest a manuscript rather than a printed tradition. The publication of three editions in one year suggests that two of them were attempts to profit from the success of the first, and that the demand was created by a successful novelty, not a book first published years before.

III

Lazarillo de Tormes reflects a growing interest in the ways of rogues and beggars that was responsible for a copious literature in sixteenth-century Europe. Stories of tricks and jests began in Germany (and, later on, elsewhere) to be strung together into a narrative around a central figure. 'In the *Pfaffe Amis* of Der Stricker and the *Till Eulenspiegel* of Thomas Murner, the rogue of fiction began to draw breath. . . . The *Schwänke* and *Volksbücher* were picaresque stories in embryo. They celebrated the court fools of German princes in books of roguery like Gregor von Hayden's *Salomon und Markolph* or Von der Hazen's *Narrenbuch*.'[1] The same interest in roguery and low life is reflected in the *Liber vagatorum* compiled in Germany about 1510, versified in 1517 and recast in prose by Martin Luther in 1528. Many of the incidents in the *Lazarillo* are clearly of jest-book type: for example, the incident of the grapes in the first *tratado*, Lázaro's final revenge on the blind man, the *buldero's* 'miracle', and so on. Equally striking, however, are the differences between *Lazarillo* and any jest-book, even such an 'evolved' one as *Till Eulenspiegel*. In *Till* the interest lies exclusively in the jests, in what Till does; *Lazarillo*, on the other hand, has a unity of theme, narrative and characterisation that makes it a work of quite a different order.

Nevertheless, it is likely that the author of *Lazarillo* drew to some extent on traditional material. The figure of Lazarillo himself may perhaps be a traditional one. Certainly, the figures of the blind man and his boy were already well known. They were familiar characters on the medieval French stage.[2] No direct link with *Lazarillo* can be demonstrated, but it is

[1] F. W. Chandler, *Romances of Roguery. Part I. The Picaresque Novel in Spain* (New York, 1899), p. 8.

[2] The earliest work in which they appear is *Le Garçon et l'Aveugle, jeu du XIIIᵉ siècle*, ed. Mario Roques, Les Classiques Français du Moyen Age (Paris, 1911). Cf. G. Cohen, 'La scène de l'aveugle et de son valet dans le théâtre français du moyen-âge', *Romania*, XLI (1912), pp. 346–72. See also Erik von Kraemer, *Le type du faux mendiant dans les littératures romanes depuis le moyen-âge jusqu'au XVIIᵉ siècle* (Helsingfors, 1944).

evident that in the novel we are in the presence of a traditional pair of characters. Another interesting fragment of evidence is contained in some marginal drawings in a fourteenth-century manuscript of the Decretals of Gregory IX now in the British Museum. The drawings show a blind man and his boy. In one of them the boy is seen drinking surreptitiously from the blind man's bowl through a straw or pipe, just as Lázaro does in the first *tratado*.[1] Evidently there existed a body of traditional stories about the pair, who must have been a familiar sight on almost any road in the Middle Ages and long after. That much is easily admitted. There have been attempts, however, to go further and show that the name 'Lazarillo' was a traditional one for a stock character in Spanish folklore. The name Lázaro was associated with Lazarus, the beggar in Luke xvi (20–31), and hence suggested one who suffers misfortune and hardship. Popular etymology linked the name (incorrectly) with *lacerar* and *laz(d)rar* ('to suffer').[2] That there existed a proverbial Lazarillo is shown by a phrase in Francisco Delicado's *La lozana andaluza* (1528). The reference, though an obscure one, seems to be to a Lazarillo capable of considerable villainy.[3] Some have attempted to establish a link between this shadowy proverbial Lazarillo and two proverbial *bobos* who appear in sayings collected by Correas: *el bobo de Coria* and *el bobo de Perales* (*ed. cit.*, pp. 173 and 541). Correas writes of the latter: 'Dícese por bobo, malicioso y bellaco . . .' The proverbial Lazarillo may have been a *bobo bellaco* of the same kind.[4] Horozco's Lazarillo (see above, p. xi) has been taken as further proof that there existed a traditional character of that name, who may be alluded to in Juna de Timoneda's *Menemnos* where a *mozo* called Lazarillo is described by his master Averróyz as follows: 'Es el más agudo rapaz del mundo, y es hermano de Lazarillo de

---

[1] See Foulché-Delbosc, *art. cit.*, where the drawings are reproduced.

[2] J. Corominas, *Diccionario crítico etimológico de la lengua castellana* (Berne, 1954), III, pp. 5–6.

[3] Francisco Delicado, *La loçana andaluza*, ed. A. Vilanova, Selecciones Bibliófilas (Barcelona, 1952), p. 147.

[4] See Foulché-Delbosc (*art. cit.*, p. 92) and Cejador (*ed. cit.*, pp. 16–17).

Tormes, el que tuvo trescientos y cincuenta amos.'[1] However, Horozco's *Representación* is undated and may easily be later than 1554; and Timoneda's play was published in 1559. Both references, therefore, may be simply tributes to the popularity of *Lazarillo de Tormes*. Delicado's allusion is the only one that is undoubtedly earlier than 1554 and its relevance is doubtful.

To these scraps of evidence for the existence of a traditional Lazarillo around whom proverbs and anecdotes may have accrued another can be added. Fernán Caballero collected an Andalusian folk-tale in which a blind man's boy tricks his master out of a sardine and is beaten. In revenge he makes his master jump against a wall and cries in triumph:

> y Vd., que olió la sardina,
> ¿por qué no ha olido la esquina?[2]

In all probability the tale derives from *Lazarillo de Tormes*: the alternative theory—that it represents a late version of a folk-tale older than *Lazarillo*—seems to me to strain credulity. The existence of a similar English folk-tale must not be supposed from Benedick's words in *Much Ado About Nothing*: 'Ho, now you strike like the blind man, 'twas the boy that stole your meat, and you'll beat the post' (II, i, 206–7). This almost certainly derives from *Lazarillo* by way of an English jest-book.[3]

In short, Delicado's reference is the only evidence for the existence of a traditional Lazarillo older than the book. Although it is fashionable to see a link between them, Delicado's proverbial Lazarillo, if indeed he was of the type of the *bobos* of Coria and Perales, seems to me to have little to do with the Lazarillo of the novel, who cannot be described in any sense

---

[1] J. de Timoneda, *Obras*, ed. E. Juliá Martínez, Sociedad de Bibliófilos Españoles, vol. II (Madrid, 1948), p. 331.

[2] Fernán Caballero, *Cuentos y poesías populares andaluces* (Sevilla, 1859), p. 176.

[3] This, long suspected, seems to me proved by K. P. Chapman in ' "Lazarillo de Tormes", a Jest-Book and Benedik', *Modern Language Review*, LV (1960), pp. 565–7.

of the words as a *bobo bellaco*. In the seventeenth century, Correas did not appear to know of such a traditional Lazarillo. Nowhere does he refer to him; and commenting on the phrase *Olió el poste* he says quite firmly 'tomóse del cuento de Lazarillo' and goes on to make it quite clear that he is referring to the book (*ed. cit.*, p. 372). If a 'folk-Lazarillo' existed, Correas, with his wide knowledge of popular tradition, could be expected to have known of him.

However that may be, some of the incidents in the book are undoubtedly traditional. The *buldero*'s fake miracle in the fifth *tratado*—where a sceptical *alguacil* is apparently struck down by divine justice—resembles a story told by Masuccio Salernitano in *Il Novellino* (Pt. I, *novella* IV), in which two friars travel about extorting money by displaying what they claim are relics of St Luke. At Sorrento, while fra Ieronimo preaches from the cathedral pulpit his accomplice denounces the relics as false. Fra Ieronimo prays for a sign to prove their authenticity, whereupon the other falls in a simulated fit. J. E. Gillet held that an even closer resemblance existed between the *buldero*'s 'miracle' and an anecdote in the Flemish version of the *Liber vagatorum*, printed in 1563 but bearing an approbation dated 1547, which suggests that there may have been an edition of that year.[1] A similar tale of a false miracle appears in Rafaele Frianoro's *Il Vagabondo* (Venice, 1627). Although this version may derive from *Lazarillo*, as indeed may the Flemish version of 1563, an alternative view is possible: all these stories may be versions of a European folk-tale.[2]

The figure of the fraudulent pardoner was a traditional one and there was a rich store of tales about him. The *buldero*

[1] J. E. Gillet, 'A Note on the *Lazarillo de Tormes*', *Modern Language Notes*, LV (1940), pp. 130–4. Gillet's arguments in favour of his belief that *Lazarillo* first appeared in the Low Countries are very unconvincing, especially as part of his case rests on the Foulché-Delbosc text, which is unreliable.

[2] In another tale which may be a distant relative of these, Till Eulenspiegel tricked a congregation with a skull that he claimed was a holy relic. This story (No. 31) was taken from an older collection, *Der Pfaffe Amis von dem Stricker*. See Bataillon, *ed. cit.*, p. 26.

was an unpopular figure in sixteenth-century Spain who aroused resentment for his extortions and suspicion of his honesty. In *Lazarillo* the *buldero* is called *echacuervo* by his accomplice. The word, whatever its origin,[1] had come to signify a quack or impostor and appears to have been a common term of abuse for *bulderos*. One of the questions answered by Luis de Escobar in *Las quatrocientas respuestas a otras tantas preguntas* (Valladolid, 1545) is: 'Porque llaman echacuervo al que predica las bullas.' Whereas there are honest pardoners, he writes, there are others less respectable:

> Mas esto se entiende de algunos questores
> que burlas predican so nombre de bulas,
> con muchos dineros y pompas y mulas
> que roban mintiendo a mil pecadores.

Another incident in *Lazarillo* that may have its origin in a folk-tale is that in the third *tratado* where Lázaro runs home and bolts the door on hearing the mourning widow's lament: 'Marido y señor mío, ¿adónde os me llevan? ¡A la casa triste y desdichada, a la casa lóbrega y obscura, a la casa donde nunca comen ni beben!' In the manuscript *Liber facetiarum et similitudinum* (Biblioteca Nacional, Madrid) there is a version of the same anecdote. In this, a widow cries: '¿Dónde os llevan, amigo mío? ¡A la casa oscura, casa triste, casa sola, casa sin ajuar, casa honda! Amigo, respondió otro, corre, cierra mi casa, cuerpo de tal, que allá le llevan.'[2] This part of the manuscript cannot be dated; the anecdote may derive from *Lazarillo*, but it is equally possible that both versions had a common origin in a traditional tale.

The impoverished *escudero* of the third *tratado* is brother to the penniless *escuderos* satirised in Gil Vicente's *Quem tem farelos?* (1505?), *Inês Pereira* (1523) and *O Juiz da Beira* (1525).[3] M. Bataillon holds that the *escudero* was a stock comic figure

---

[1] Corominas, *op. cit.*, II, pp. 213–14. For a different theory see J. E. Gillet, 'Spanish *echacuervo(s)*', *Romance Philology*, X (1956–7), pp. 148–55.

[2] Foulché-Delbosc, *art. cit.*, p. 94.

[3] M. Bataillon, *ed. cit.*, p. 28, and A. Valbuena Prat, *La novela picaresca española*, 2nd ed. (Madrid, 1946), p. 34.

of the time and quotes examples in support of his case from Melchor de Santa Cruz's *Floresta Española* (1574).[1] Too much significance must not be attached to the *Floresta*, however, since those anecdotes in which the *escudero* is satirised are not completely representative: there are as many more in which *escuderos* cut a far from mean figure. No special significance, indeed, seems to be attached to the figure of the *escudero* in the *Floresta*; where he is ridiculed, it is as a representative of the nobility as a whole. It is misleading to speak of the *escudero* as a figure of 'folklore'.[2]

What is ridiculed in Lázaro's *escudero* is that preoccupation with noble birth, honour and ostentation that characterised the entire *hidalgo* class, and was to be found, indeed, at all levels of Spanish society. This social trait can be richly illustrated from sixteenth- and seventeenth-century literature; it was to become a major theme in the picaresque novel. It was not the *escudero* in particular who was ridiculous: it was his entire class, and beyond that class, a whole movement of social aspiration. In his account of the journey he made through Spain in 1525, Andrea Navagero noted with a touch of satire the pride and ostentation of the nobility of Toledo. 'De los caballeros son muy pocos los que tengan abundantes ingresos; pero, en su lugar, los suplen con soberbia o, como ellos dicen, con fantasía, de la que son tan ricos que si les igualasen las facultades, no bastaría el mundo entero contra ellos.'[3] Pride and poverty must have joined hands often. A proverb gives us a vivid picture: 'La comida del hidalgo, poca vianda y mantel largo.'[4] The Spaniard's propensity to lay claims to noble birth and the arrogance that went with it are well illustrated in the *Viaje de Turquía* (1557):

... entre todas las naciones del mundo somos los españoles los más mal quistos de todos, y con grandísima razón, por la soberbia, que en dos días que servimos queremos luego ser amos, y si nos

---

[1] M. Bataillon, *ed. cit.*, pp. 29–32.
[2] M. Bataillon, *ibid.*, p. 27.
[3] *Viaje a España del magnífico señor Andrés Navagero*, trad. J. M. Alonso Gamo (Valencia, 1951), p. 48.   [4] Correas, *ed. cit.*, p. 117.

convidan una vez a comer, alzámosnos con la posada; tenemos fieros muchos, manos no tantos; veréis en el campo del rey y en Italia unos ropavejeruelos y oficiales mecánicos que se huyen por ladrones, ó por deudas, con unas calzas de terciopelo y un jubón de raso, renegando y descreyendo a cada palabra, jurando de contino puesta la mano sobre el lado del corazón, a fe de caballero; luego buscan diferencias de nombres: el uno, Vasco de las Pallas, el otro Ruidíaz de las Mendozas: el otro, que echando en el mesón de su padre paja a los machos de los muleteros desprendió *bai* y *galagarre* y *goña*, luego se pone Machín Artiaga de Mendarozqueta y dize que por la parte de oriente es pariente del rey de Francia Luis, y por la de poniente del conde Fernán González y Acota, con otro su primo Ochoa de Galarreta, y otros nombres ansí propios para los libros de Amadís.[1]

This was an aspect of the Spanish character that created much ill-will abroad. In an English pamphlet of 1599, *A Pageant of Spanish Humours*,[2] these traits are brilliantly caricatured. The Spaniard's social pretensions are satirised: 'But *Signor* is a Caualliero, he must be reuerenced, *Guarda su Signoria*, he must be soothed and flattered . . . Moreover, you ought to know he is a *Hidalgo*, although he haue no patents thereof, euen whose name and race, doth terrifie the Moores . . .' He eats voraciously at another's table but starves at his own: 'This is a *Signior's* dyet at anothers cost, but alas if you finde him at his owne Table, you may see it stately furnished with a *Sardinia*, or a crust of bread, a pot of *Aqua*, and perhaps a bone, yet abroad, if there be a Woolfe at the Table, *Signior* is one.' He cuts a fine figure in public: '*Signior* being in the streete, or any other publicke place, his first gestures are to bend the head, turne the eye, and Peacocke-like to behold himself if nothing be amisse, his gate is like one who treades the measures . . . His Trade in *Spaine* perhaps was to sowe handbaskets, or to blow glasses in the furnaces, scarce trusted to

---

[1] *Nueva Biblioteca de Autores Españoles*, vol. II (Madrid, 1905), p. 17. I retain the title by which the work is best known in spite of M. Bataillon's convincing case against it in his book *Le docteur Laguna auteur du Voyage en Turquie* (Paris, 1958).

[2] In full: *A Pageant of Spanish Humours. Wherein are naturally described and liuely portrayed, the kinds and quallities of a Signior of Spaine. Translated out of Dutche, by H.W.* (London, 1599). I do not know the origin of the work. Possibly *Lazarillo* contributed something.

guard a flocke of *Cabritoes*. And here he will beare the name
of a *Hidalgo or don* . . .' A final detail that recalls Lazarillo's
escudero: 'he frieth in Loues scorching flames like a firie
Furnace'.

González Palencia held that the author's use of traditional
tales and sayings had an effect on the very structure of the
book. He pointed out that the atmosphere of gloom and
poverty in the third *tratado* is a careful preparation for Lazarillo's terror on hearing the widow's words, to make the
traditional tale (as he believes it to be) the more convincing
and funny.[1] Similarly, the argument runs, Lázaro's story of
how he made a hole in the blind man's wine-jar is included
only to prepare the way for the witticism: 'Lo que te enfermó
te sana y da salud'—the blind man's comment as he bathes
with wine the boy's broken head. The artistry of the book is
beyond doubt, but in claiming that the witticism is the *raison
d'être* of the whole episode González Palencia goes too far:
he is, in fact, trying to bolster up his case for the book's
irrealismo (see below, p. xxv). Bataillon is perhaps nearer the
mark in suggesting that the episode may have been suggested
to the author by the proverbial phrase (which does not appear
in the book): 'Lávasme la cabeza después de descalabrada.'[2]
It is entirely credible that a saying of that sort should be the
germ of a story in a fertile mind. However, to search too
ingeniously for 'origins' of this kind, and to try to find folklore in everything in the book, can easily lead to absurdity.
In time it may come to be claimed that Lázaro's marriage in
Toledo to an archpriest's drab was suggested by another
proverb: 'En Toledo no te cases, compañero; no te darán
casa ni viña, mas darte han mujer preñada o parida' (Correas,
ed. cit., p. 200).

IV

To what extent did *Lazarillo* reflect the Spain of its day?
The sober, unspectacular picture it offers carries conviction,

[1] *Del 'Lazarillo' a Quevedo, ed. cit.*, pp. 10–21.
[2] Bataillon, *ed. cit.*, p. 25.

but we must be cautious, nevertheless. Only a narrow range of society and a small part of the Peninsula are put before us: it would be misleading to use the book uncritically as a historical document. The book is not a sociological tract but a very consciously shaped work of art. González Palencia has protested that in *Lazarillo* we find not realism but *irrealismo*. Showing more than a trace of patriotic susceptibility he argued that events and atmosphere are carefully contrived as a preparation for a stroke of wit, or a traditional tale.[1] He finds the second *tratado* as unrealistic as the others: 'Precisamente el clero era una clase social que en el siglo XVI vivía con holgura' (*op. cit.*, p. 15). Finally, he protests that the insistence on poverty in *Lazarillo* (and in later picaresque novels) has given a distorted picture of sixteenth-century Spain. Hunger, he implies, was not normal: the theme is a mere literary topic (*op. cit.*, pp. 32–7). But is it? Artistry is not the least striking quality in the book, but it reflects (at its own level and within its own range) the social realities of its times very faithfully, as Margherita Morreale, drawing on the records of the Cortes of Leon and Castile, has made clear.[2] The plight of homeless and orphaned children who wandered from place to place is referred to by the Cortes held at Valladolid in 1548, when praise is given to those 'personas piadosas que han dado orden que haya colegio de niños y niñas, deseando poner remedio a la gran perdición que de vagabundos huérfanos y niños desamparados había . . .' Local famines are the cause of many petitions; in *Lazarillo* we read: 'como el año en esta tierra fuese estéril de pan . . .' The economic precariousness of a community dependent on local harvests in a country where rain often fails is poignantly illustrated by the *Coplas* written at the height of the great Andalusian famine in 1521 by Juan del Encina.[3] Encina describes in mediocre but

---

[1] *Del 'Lazarillo' a Quevedo*, ed. cit., pp. 10–15.

[2] M. Morreale, 'Reflejos de la vida española en el "Lazarillo"', *Clavileño*, No. 30 (1954), pp. 28–31.

[3] See R. O. Jones, 'An Encina Manuscript', *Bulletin of Hispanic Studies*, XXXVIII (1961), pp. 229–37.

poignant verse the desolation caused by the famine, in which
some were reduced by hunger and despair to cannibalism.

> Comían hierba y raíces
> las gentes y hacían caza
> en perros que no en perdices;
> y si del ganado dices,
> de él quedó muy poca raza.
> Do los campos hierba dieron
> fue muy poca, y la comieron
> las gentes con hambre pura.
> ¡O mísera desventura
> que nunca tal cosa vieron!

The decision of the Ayuntamiento of Toledo recorded in
Lazarillo does not seem unrealistic and probably was not uncommon: 'como el año en esta tierra fuese estéril de pan,
acordaron el ayuntamiento que todos los pobres estranjeros
se fuesen de la ciudad, con pregón que el que de allí adelante
topasen fuese punido con azotes'. Though this does not seem
to me the main point, the book is probably in part a protest
against the wretched lot of the poor in sixteenth-century
Spain.

As for the clergy: undoubtedly the sharply etched portrait
of the priest of Maqueda is something of a caricature, but the
grasping cleric is not an uncommon figure in literature of the
time.[1] The *amancebamiento* of the archpriest of Toledo is another
detail that is realistic enough. Navagero wrote of the clergy
of Toledo: 'Los Canónigos, que son muchos, tienen en su
mayoría más de setecientos ducados cada uno, muy pocos
tienen menos y, desde luego, ninguno baja de trescientos.
Tienen otras muchas entradas más, y hay Capellanes que reci-
ben doscientos ducados al año, de suerte que los dueños de
Toledo y de las mujeres principales son los Curas, los cuales
tienen casas magníficas y triunfan dándose la mejor vida del
mundo sin que nadie les reprenda' (*ed. cit.*, p. 47).

---

[1] Cf. the proverbs in Correas: 'Fraile que su regla guarda, toma de
todos y no da nada' and 'Fraile franciscano, el papo abierto y el saco
cerrado' (*ed. cit.*, p. 218).

V

The author of *Lazarillo* was a master of his craft. The portraits of Lázaro and his masters are drawn with admirable sharpness and economy. The blind man's 'closeness' is made vivid by touches like these: 'Él traía el pan y todas las otras cosas en un fardel de lienzo que por la boca se cerraba con una argolla de hierro y su candado y su llave, y al meter de todas las cosas y sacallas, era con tan gran vigilancia y tanto por contadero, que no bastara hombre en todo el mundo hacerle menos una migaja.' His cunning is brought to life in: 'También él abreviaba el rezar y la mitad de la oración no acababa, porque me tenía mandado que en yéndose el que la mandaba rezar, le tirase por cabo del capuz.' Much is conveyed about the *fraile de la Merced* in Lázaro's pithy words: 'gran enemigo del coro y de comer en el convento, perdido por andar fuera, amicísimo de negocios seglares y visitar, tanto que rompía él más zapatos que todo el convento'. When Lázaro leaves him, he hints at hidden depths that he does not care to explore: 'Y por esto y por otras cosillas que no digo, salí de él.'

The style is racy, elliptical and colloquial, but it is by no means the *grosero estilo* which, with mock modesty, the author deprecates in the prologue. It is a style of considerable artifice, in fact. There is artifice in the placing of the verbs at the end of the subordinate clauses in the following sentence: 'Al triste de mi padrastro azotaron y pringaron, y a mi madre pusieron pena por justicia, sobre el acostumbrado centenario, que en casa del sobredicho Comendador no entrase, ni al lastimado Zaide en la suya acogiese.' We find word-play in phrases like: 'mi nuevo y viejo amo', 'desmandarme a demandar'. In short, though the author may have been a one-book genius (like Fernando de Rojas), he was a practised stylist.[1]

M. Bataillon and F. Courtney Tarr have brought out the thematic and structural unity of the book, especially of the

[1] For an analysis of the book's style, see G. Siebenmann, *Über Sprache und Stil im Lazarillo de Tormes* (Berne, 1953).

first three *tratados*, where everything is dominated by the theme of hunger, which rises to a climax in the third *tratado*, where the boy actually has to feed his master. Ironically, Lázaro grows hungrier as his masters rise in the social scale. His lot grows worse in another way, too: Lázaro runs away from his first master, is dismissed by the second, and is deserted by the third.[1] Thematic unity is imposed on the work as a whole by various devices. Lázaro's end—'tengo cargo de pregonar los vinos que en esta ciudad se venden'—is foreshadowed by the *ciego*'s words in the first *tratado*: 'Yo te digo que si un hombre en el mundo ha de ser bienaventurado con vino, que serás tú.' (Lázaro's cuckoldry is similarly foreshadowed in the first of the Alcalá interpolations.) Another example: Lázaro tells how, forced by necessity, his widowed mother (in the words of the proverb) 'determinó arrimarse a los buenos por ser uno dellos'—and became Zaide's mistress. She sends Lázaro out into the world with words full of pathos but which for the reader contain nevertheless an ironic echo of the proverb: 'Hijo, ya sé que no te veré más. Procura de ser bueno . . .' When he accepts the archpriest's reassurance in the last *tratado*, the proverb is quoted once more: 'Señor, le dije, yo determiné de arrimarme a los buenos . . .' Between proverb and proverb, the story's course has been from one *amancebamiento* to another: *bueno* has come to mean 'well off'.

In spite of the thematic coherence of the book, some readers have felt that there is an inadequately filled gap in Lázaro's life between the end of the third *tratado* (when Lázaro is still a child) and his appearance in Toledo.[2] Cer-

---

[1] F. Courtney Tarr, 'Literary and Artistic Unity in the *Lazarillo de Tormes*', *PMLA* (Publications of the Modern Language Association), XLII (1927), pp. 404–21. Marcel Bataillon, *El sentido del Lazarillo de Tormes* (Paris, 1954).

[2] Cf. Albert E. Sicroff's interesting study, 'Sobre el estilo del *Lazarillo de Tormes*', *Nueva Revista de Filología Hispánica*, XI (1957), pp. 157–70. Cf. also Claudio Guillén, 'La disposición temporal del *Lazarillo de Tormes*', *Hispanic Review*, XXV (1957), pp. 264–79; and R. S. Willis, 'Lazarillo and the Pardoner: the Artistic Necessity of the Fifth *Tractado*', *Hispanic Review*, XXVII (1959), pp. 267–79.

tainly, the author passes very lightly over this phase. But he is not writing a chronicle: he is tracing the pattern of Lázaro's life, not accounting for everything in it. We are shown Lázaro's early training, we glimpse his growing up, and we see his end. This is the diagram of a life. To ask for more is to miss the point of the book.

The book's unity and artistry cannot be properly judged, however, except in the light of the author's purpose. Lázaro's story is certainly well told, and it is a masterpiece of comic writing; but if we are to believe the words of the prologue (not an easy point to decide in a work where everything is ironic) the book is not intended solely for amusement. 'Lázaro' writes (the prologue purports to be his): 'Yo por bien tengo que cosas tan señaladas, y por ventura nunca oídas ni vistas, vengan a noticia de muchos y no se entierren en la sepultura del olvido, pues podría ser que alguno que las lea, halle algo que le agrade, y a los que no ahondaren tanto los deleite.' The covert claim is then advanced that the book is of some value, 'mayormente siendo sin perjuicio y pudiendo sacar de ella algún fruto'. The disingenuous style of the book creates some strange paradoxes. All men desire praise, Lázaro writes, and he is no exception: 'Y todo va desta manera: que confesando yo no ser más santo que mis vecinos, desta nonada, que en este grosero estilo escribo, no me pesará que hayan parte y se huelguen con ello todos los que en ella algún gusto hallaren, y vean que vive un hombre con tantas fortunas, peligros y adversidades.' 'Confesando yo no ser más santo que mis vecinos': this is really another way of saying 'You are no better than I', said in the disingenuous way that is typical of the whole book. The irony extends to the final sentence of the prologue: '. . . y también porque consideren los que heredaron nobles estados cuán poco se les debe, pues fortuna fue con ellos parcial, y cuánto más hicieron los que, siéndoles contraria, con fuerza y maña remando salieron a buen puerto'. The book will show us the nature of Lázaro's *buen puerto*.

Early in the story, Lázaro tells how his little half-brother

ran in terror from his black father crying '¡Madre, coco!'
Lázaro reflects: '¡Cuántos debe de haber en el mundo que
huyen de otros, porque no se veen a sí mesmos!' This supports
the hint in the prologue that the reader is to look for *algún*
fruto and suggests that the reader will find the lesson as applicable to himself as to the characters in the story. A further
reflection of Lázaro's shows the author's attitude to his subject. When Zaide's thefts are found out, the boy considers:
'No nos maravillemos de un clérigo ni fraile, porque el uno
hurta de los pobres y el otro de casa para sus devotas y para
ayuda de otro tanto, cuando a un pobre esclavo el amor le
animaba a esto.' The overt meaning is: 'If love can move
even this brutish hostler it is not surprising that it leads his
betters into temptation'; but the implied meaning reverses
that into: 'If even those who ought to set an example thieve,
what can we expect of a downtrodden ostler?' Who, in fact,
has the right to cry 'Coco'?

Another important moment in the narrative is the trick
played on Lázaro by the *ciego*, who gets the boy to put his
ear to the stone bull on the bridge at Salamanca and then
bangs his head against the stone. 'Parecióme que en aquel
instante desperté de la simpleza en que como niño dormido
estaba. Dije entre mí: "Verdad dice éste, que me cumple
avivar el ojo y avisar, pues solo soy, y pensar cómo me sepa
valer." ' He learns that sharpwittedness is an important virtue,
and the point is driven home with every trick that he and his
master play on each other. Lázaro reflects: '. . . que después
de Dios, éste me dio la vida, y siendo ciego me alumbró en
la carrera de vivir'. What Lázaro learns is how to look after
himself in a hostile world, and he leaves the blind man after
learning well the lesson that life is a cut-throat business: his
final trick on the blind man repays the earlier one played on
him.

Lázaro is taken in by a miserly priest whose whole life
stands for hypocrisy. This the priest uses with cool effrontery,
as when he offers the boy some well-picked bones with the
words: 'Toma, come, triunfa, que para ti es el mundo; mejor

vida tienes que el Papa.' Later he tells the boy: 'Mira, mozo, los sacerdotes han de ser muy templados en su comer y beber, y por esto yo no me desmando como otros'; which Lázaro knows is a lie, because 'a costa ajena comía como lobo y bebía más que un saludador'.

Lázaro's next master is the penniless *escudero*, the worst master of all, for now the boy has to keep the man. The *tratado* is a study of groundless pride and the absurd claims of honour. The *escudero* is quite unaware of the ridiculous nature of his pretensions. When first he addresses the boy in the street his words are: 'Pues vente tras mí, me respondió, que Dios te ha hecho merced en topar conmigo; alguna buena oración rezaste hoy.' Later, the *escudero* asks his boy, whose bread he eats, whether the bread was kneaded with clean hands. His only preoccupation is with his 'gentil semblante y continente', which he maintains at the cost of all else. Lázaro reflects:

¡Grandes secretos son, Señor, los que vos hacéis y las gentes ignoran! ¿A quién no engañara aquella buena disposición y razonable capa y sayo, y quién pensara que aquel gentil hombre se pasó ayer todo el día sin comer, con aquel mendrugo de pan que su criado Lázaro trujo un día y una noche en el arca de su seno, do no se le podía pegar mucha limpieza, y hoy, lavándose las manos y cara, a falta de paño de manos, se hacía servir de la halda del sayo? Nadie por cierto lo sospechara. ¡O Señor, y cuántos de aquestos debéis vos tener por el mundo derramados, que padecen por la negra que llaman honra, lo que por vos no sufrirían!

The words are ironic. Lázaro considers it providential that God allows people to be easily deceived; his words, however, contain a warning that nothing is hidden from God, which leads directly to the central point, which is the contrast between real and professed belief. *Honra* has usurped the position of religion.

But for Lázaro the absurdity of the *escudero*'s obsession with *honra* consists in his poverty. Were the *escudero* richer (Lázaro implies) his position would be different: money begets honour. The *escudero* left home because he would not doff his hat to a neighbouring gentleman. Lázaro expresses his surprise:

' "Señor, dije yo, si él era lo que decís y tenía más que vos, ¿no errábades en no quitárselo primero, pues decís que él también os lo quitaba?" — "Sí es, y sí tiene, y también me lo quitaba a mí; mas de cuantas veces yo se le quitaba primero, no fuera malo comedirse él alguna y ganarme por la mano." — "Paréceme, señor, le dije yo, que en eso no mirara, mayormente con mis mayores que yo y que tienen más." ' Lázaro evidently sees no intrinsic evil in *honra*: he thinks it absurd only in a poor man.

With his next two masters (the *fraile de la Merced* and the pardoner) Lázaro is mainly an observer. In the sixth *tratado* he goes into partnership with a chaplain who offers him the chance of honest work as a water-seller. After four years' work, Lázaro has saved enough to rig himself out in second-hand finery and looks for more honourable work: 'Desque me vi en hábito de hombre de bien, dije a mi amo tomase su asno, que no quería más seguir aquel oficio.' After some barely touched-on vicissitudes he acquires an *oficio real*—that of town-crier—and marries the mistress of an archpriest and attains to what he calls 'la cumbre de toda buena fortuna'. His material prosperity is real enough, and his post (however degraded it may seem to his betters[1]) represented worldly success of a sort for a poor lad. At the same time, however, he has to put up with considerable private, and even public, indignity. 'Mas malas lenguas, que nunca faltaron ni faltarán, no nos dejan vivir, diciendo no sé qué y sí sé qué, de que veen a mi mujer irle a hacer la cama y guisalle de comer . . .' He accepts reassurance from the archpriest: 'Ella entra muy a tu honra y suya, y esto te lo prometo; por tanto, no mires a lo que pueden decir, sino a lo que te toca, digo a tu provecho.'[2] Lázaro

---

[1] Bataillon (*ed. cit.*, p. 51) points out that the post of town-crier was viewed with contempt, and that *pregonero* and *mojón público* were synonyms.

[2] Honour and wealth, already linked in Lázaro's mind as we have seen, are once again linked in the archpriest's words. For both of them, wealth is the only honour. The reader, however, is probably expected to recall the proverb: *Honra y provecho no caben en un saco* (Correas, *ed. cit.*, p. 247). Misplaced obsession with *honra* was often ridiculed in the sixteenth century. Cf. Lope de Rueda, *Paso primero*, where the *simple* Alameda

remains content so long as the matter is not publicly spoken of: 'Mirá: si sois amigo, no me digáis cosa con que me pese, que no tengo por mi amigo al que me hace pesar.' Lázaro's end is moral, though not (in his own eyes) social degradation. And yet even his modest social success is illusory. His chief ambition throughout his life was the acquisition of *honra*. He mentions it in the preface when he says that books are written to earn praise ('la honra cría las artes') and compares the ambition of the writer with that of the soldier, saying that what urges each of them on is 'el deseo de alabanza'. (This can be taken as a straightforward expression of a desire for literary fame[1] only if we identify the fictional character with his author; and after all it is 'Lázaro' who speaks these words and wishes to acquire fame and praise—by describing his own ambiguous domestic affairs.) *Honra* is mentioned several times in the narrative. It is echoed when Lázaro gives up his job of water-seller. 'Fueme tan bien en el oficio, que al cabo de cuatro años que lo usé, con poner en la ganancia buen recaudo, ahorré para me vestir muy honradamente de la ropa vieja, de la cual compré un jubón viejo y un sayo raído de manga tranzada y puerta y una capa que había sido frisada y una espada de las viejas primeras de Cuéllar. Desque me vi en hábito de hombre de bien, dije a mi amo se tomase su asno, que no quería más seguir aquel oficio.' *Honradamente* is a significant word and the sword a significant detail. In both touches the *escudero*'s shadow falls across the *mozo*. Even the *escudero*'s words are echoed. Lázaro's *honradamente* and *hombre de bien* recall the *escudero*'s affirmation: 'Eres mochacho, y no sientes las cosas de la honra, en que el día de hoy está todo el caudal de los

congratulates his fellow-servant Luquitas on his pilfering: '¡Qué bien te das a ello! . . . Todo mochacho que sisa no puede dejar de ser muy honrado. Honrados días vivas, que honrado día me has dado' (ed. J. Moreno Villa, *Clásicos castellanos*, Madrid, 1924, pp. 187–8). Cf. also *Comedia Thebayda, Colección de libros españoles raros o curiosos*, vol. 22 (Madrid, 1894), pp. 78–81. The theme is prominent in all the sixteenth-century imitations of *La Celestina*.

[1] As M. Bataillon takes it to be: 'El breve prólogo cobra entonces un acento sobriamente triunfal. Se convierte en una glorificación del arte y del artista' (*El sentido del L. de T.*, p. 29).

hombres de bien.' *Honra* is mentioned again by the arch-priest: 'ella entra muy a tu honra y suya'. But Lázaro's acqui-sition of this elusive *honra* is unreal: his honour depends, after all his effort, only on the silence of his fellows, who are aware nevertheless of his private dishonour. Lázaro has finally reached a position which in one way is not very different from that he started out from. He learnt to welcome his mother's lover because he brought food to the house, just as now he accepts the archpriest's attentions to his wife for the profit they bring. We recall that the *escudero*, too, would have been willing to accept moral degradation—lying, fawn-ing, backbiting—in order to please his master if he could but find one. Honour clearly has nothing to do with morality. Lázaro will echo later another phrase of the *escudero*'s: 'nunca decille cosa con que le pesase'. This whole disturbing speech is ironic, but the irony is the author's not the *escudero*'s. Honour is a social conspiracy in which Lázaro learns to play his part.

At the end of the book we can see in Lázaro all the lessons he has learnt so painfully at the hands of his various masters. The ruthlessness he learnt with the blind man he now applies to his own affairs. He is determined to win at all costs in the battle of life. He will get on, whatever the moral cost. 'Getting on' is the theme of the book, already announced in the pro-logue, where Lázaro includes himself among those who, with fortune against them, 'con fuerza y maña remando salieron a buen puerto'. He returns to the theme in the first *tratado*: 'Huelgo de contar a V.M. estas niñerías, para mostrar cuánta virtud sea saber los hombres subir siendo bajos, y dejarse bajar siendo altos cuánto vicio.' His standards are purely social. In a restricted sense he has achieved success as measured by outward signs. The cost is only obliquely hinted at. The blind man's instruction in 'la carrera de vivir' has been fully applied.

His public success is accompanied by private squalor; his acceptance of this reflects his life with the *escudero*. Although the boy was capable of laughing at his master (though his laughter was mingled with the profoundest pity), the man is incapable of laughing at himself. In any case, Lázaro's attitude to the *escudero*'s pretensions was ambiguous: he seemed to find his master's obsession with honour comic simply because he was poor and therefore incapable of sustaining his honour properly. That the whole pursuit of honour is ridiculous is never understood by Lázaro. In consequence, now that he himself is comfortably off, he feels that he can lay legitimate claims to honour. His own words on God's scrutiny of the heart of man are forgotten. To some extent the lesson he learnt from the miserly priest is also applied here: he will sustain his hypocritical rôle with effrontery.

In fine, the apparently haphazard structure of the book is justified by the last *tratado*, which draws all the threads together. In it Lázaro himself is satirised for values that he has been acquiring slowly throughout his life as he recounts it. No *tratado* was complete in itself: each acquires its complete meaning only when we finally lay down the book. Lázaro could describe clearly enough the faults of others but he is stubbornly blind to his own, seeing the mote in the eyes of others but blind to the beam in his own. (And here it might be said that the ultimate butt of the satire is the self-complacent reader who might be tempted to cry '¡Coco!')

One of the things that strike us in the book is that the name of God is constantly on Lázaro's lips. Pious allusions appear on almost every page. Lázaro, it would seem, attributes every event in his life to the direct intervention of God. When he plays his final trick on the blind man he succeeds in spite of his master's immense cunning 'porque Dios le cegó aquella hora el entendimiento'. When he has the happy thought of having a key made to fit the miserly priest's chest, he describes himself as 'alumbrado por el Espíritu Santo'. Later: 'el mesmo Dios, que socorre a los afligidos, viéndome en tal estrecho, trujo a mi memoria un pequeño remedio', which is to bore holes in the chest to suggest that mice had been at work. When as a result of this the boy is given the supposedly contaminated bread, he reflects: 'y quiso Dios que aun en esto me fue bien'. Towards the end of the book:

'Quiso Dios alumbrarme y ponerme en camino y manera provechosa', and Lázaro becomes a town-crier.

Phrases of this sort are, of course, conventional and have no significance individually; the frequency of their use in the book raises a question, however.[1] The examples quoted above point to a significant attitude in Lázaro. He seems to bring God down to the level of 'luck'. God is what helps him to get on, the inspirer of bright ideas in the struggle between master and boy. The use of the name of God never seems to have for Lázaro any moral implication, nor is God's help thought of as being conditional on any effort on the boy's part. The situations in which Lázaro uses the name go some way towards showing that the name has no roots in belief or, consequently, in action. The references to God are, in fact, another aspect of Lázaro's opportunism.

Furthermore, religion is for Lázaro merely a social fact. The blind man's prayers, for example, arouse only admiration in the boy, in spite of their patent venality. '. . . Desde que Dios crió el mundo, ninguno formó más astuto ni sagaz. En su oficio era un águila; ciento y tantas oraciones sabía de coro: un tono bajo, reposado y muy sonable que hacía resonar la iglesia donde rezaba, un rostro humilde y devoto que con muy buen continente ponía cuando rezaba, sin hacer gestos ni visajes con boca ni ojos, como otros suelen hacer.' Religion is shown there in a purely social light. Consistent with this is the effrontery of the *buldero* who, to make h s fraud more convincing, begins a prayer as follows: 'Señ or Dios, a quien ninguna cosa es escondida, antes todas manifiestas . . .' Lázaro's approval ('y aunque mochacho, cayóme mucho en gracia') shows that he himself has come to share the *buldero*'s lack of principle and complete disregard of the real meaning of the religion by which he makes his living. Lázaro grows up in a society in which religion has been replaced by opportunism, and he is not slow to pick up its ways.

---

[1] M. J. Asensio (*op. cit.*) believes they point to an *alumbrado* author. There are some contradictions in Asensio's argument, and in any case a simpler explanation is possible.

The boy's hunger explains his references to God in some instances. The false key saves his life in the second *tratado* and in the circumstances his ecstatic description of the bread within the chest is understandable enough: 'veo en figura de panes, como dicen, la cara de Dios dentro del arcaz'.[1] A moment later he refers to the chest as 'mi paraíso panal', a detail which underlines both poignantly and funnily his obsession with food. Another humorous reference to religion may have been a traditional joke. When Lázaro's father is condemned for theft '. . . confesó, y no negó, y padeció persecución por justicia. Espero en Dios que está en la Gloria, pues el Evangelio los llama bienaventurados.' The same joke is made in *La Celestina* VII. But even though these are jokes (and successful ones) they are part of a pattern in the book which reveals the fundamental unimportance of religion for Lázaro. This is made clear in the last *tratado* when he affirms his wife's chastity: 'que yo juraré sobre la hostia consagrada que es tan buena mujer como vive dentro de las puertas de Toledo'. Here is seen again the divorce between Lázaro's professed religion and his real beliefs. (The *buldero*'s presence is felt here.) The guiding principle of Lázaro's life is social success, which has displaced the religion he professes. This is what he has learnt from everyone in the book. Lázaro is the victim of a society whose religion is a cloak for self-seeking.

Another question arises at this point: whether these irreligious quips are intended merely to be in character, or whether they reveal something about the very author of the book. Certainly, the book's anticlericalism is very strong, and there is a sustained attack on certain public religious observances. The question of the author's own beliefs, however, is not one that can be decided finally; each reader must draw his own conclusions from the general tone of the book.[2] It seems to me

---

[1] *Cara de Dios* is a traditional phrase, explained by Correas as follows: 'Así llaman al pan caído en el suelo, alzándolo' (*ed. cit.*, p. 544).

[2] Américo Castro believes that the author was a *converso*. He bases this belief on the author's use of the phrase *criar de nuevo* (3.10), which Castro

that religion is not ridiculed in it and that the irreligious elements lie in a consistent pattern that is to be taken as a serious criticism of an irreligious society.

The fact that only relatively humble figures appear in the story does not limit the range of its satire. In the *escudero*'s lament (p. 41) we are given a glimpse of life at much higher social levels in one astonishing page which brings a great part of society into the book's focus. Society is shown to be self-seeking from top to bottom. The attack levelled at the humble characters in the story is not more appropriate to them than to their social superiors. Lázaro and his fellows are comic only because of their humble setting. I believe there is in the book an undercurrent of suggestion that men in power are immune from ridicule and attack because of their wealth and position. The blind man is practising in a small way what an entire society is doing; the parish priest is absurd though his no less avaricious superiors earn respect because of their position; the *escudero*'s obsession is comic because he is poor. The work can be read as a caricature of society as a whole represented by its lowest members.[1] Even Lázaro, living in domestic ignominy and accepting cast-offs, is morally no worse than many a courtier, if we are to believe the *escudero*'s words. Lázaro learns what he does from the example of the society around him. He does no more than accept the values of those set in authority over him. The author is less concerned with the errors of the individual than with those of society. In this the book differs from *Guzmán de Alfarache* and

claims to be peculiar to Jews and *conversos*. (See *La realidad histórica de España*, Mexico, 1954, p. 572.) He repeats this conclusion in 'El "Lazarillo de Tormes"', *Hacia Cervantes* (Madrid, 1957), pp. 108-9. Few will be convinced by such slender evidence.

[1] Something similar was suggested by Morel-Fatio (*Études . . ., ed. cit.*, p. 112), who took the blind beggar, the priest of Maqueda and the *escudero* to represent between them the whole of sixteenth-century Spanish society. This is unacceptable; but Lázaro's *sentencias* and the *escudero*'s lament extend the book's implications well beyond the humble scenes described in it. For a more thoroughgoing 'social' interpretation of the book, see A. del Monte's admirable study in his *Itinerario del romanzo picaresco spagnolo* (Florence, 1957).

later picaresque novels, where the emphasis lies the other way.[1]

VI

Lazarillo is commonly described as a picaresque novel. The word *pícaro* is not used in it, however, and Lázaro is not quite the sort of rogue that we find in the picaresque novels that come later.[2] Furthermore, although later novelists were to learn a great deal from *Lazarillo*, it cannot be said to create the picaresque novel, since a gap of 45 years separates it from Mateo Alemán's *Guzmán de Alfarache* (1599), the work that founded the picaresque vogue of the seventeenth century. Unless this is borne in mind, there is some danger of reading *Lazarillo* in ways more appropriate to *Guzmán* and its successors, products of a moral climate that in some ways was harsher. It would be interesting to discover how the book was judged by its earliest readers. Unfortunately, we can catch only tantalising glimpses of their attitude.

The book was prohibited by the Inquisition in 1559[3] but was reissued in an expurgated form (lacking the episodes of the *buldero* and the *fraile de la Merced* and some irreligious remarks) as *Lazarillo de Tormes Castigado* (Madrid, 1573). The prologue *Al lector* begins: 'Aunque este tratadillo de la vida de Lazarillo de Tormes no es de tanta consideración en lo que toca a la lengua como las obras de Cristóbal de Castillejo y Bartolomé de Torres Naharro,[4] es una representación tan viva y propia de aquello que imita con tanto donaire y gracia, que en su tanto merece ser estimado, y así fue siempre a todos

---

[1] Bruce W. Wardropper, in a recent and interesting article that has just come to my attention ('El trastorno de la moral en el *Lazarillo*', *Nueva Revista de Filología Hispánica*, XV, 1961, pp. 441–7), makes some observations similar to mine on Lazarillo's development.

[2] The word *pícaro*, of obscure origin, already meant 'rogue' before 1548. It is first used of a literary character in *Guzmán de Alfarache* (Pt. I, 1599)—unless an earlier date is accepted for *La pícara Justina* (1605). For the history of the word see Corominas, *op. cit.*, III, pp. 768–71.

[3] *Cathalogus librorum, qui prohibentur mandato Illustrissimi & Reuerend. D. D. Ferdinandi de Valdes* . . . (Valladolid, 1559), p. 44.

[4] Issued in expurgated editions at the same time.

muy acepto, de cuya causa aunque estaba prohibido en estos reinos se leía y imprimía de ordinario fuera de ellos.' (The reference to editions printed abroad does not necessarily imply the existence of editions since lost; the French translation of 1560 may be meant.) The writer of the prologue (presumably Juan López Velasco, to whom the *privilegio* was granted) praises in effect the book's style and verisimilitude. Sigüenza singled out in 1605 essentially the same qualities: '. . . mostrando en un sujeto tan humilde la propiedad de la lengua castellana y el decoro de las personas que introduce con tan singular artificio y donaire que merece ser leído de los que tienen buen gusto' (see above, p. ix).[1] In the title of the French translation of 1560 the humour of the book is emphasised: *Les Faits merveilleux, ensemble la vie du gentil Lazare de Tormes, et les terribles avantures à lui avenues en divers lieux. Livre fort plaisant et délectable* . . . The new title of the second edition (1561) offers the book as a picture of Spanish life: *L'histoire plaisante et facétieuse de Lazare de Tormes Espagnol. En laquelle on peut recongnoistre bonne partie des mœurs, vie et condition des Espagnolz.* Since he worked from the French editions, it is not surprising that both qualities were stressed by David Rowland of Anglesey in dedicating his translation (London, 1576—or perhaps 1568–69) to Gresham: '. . . besides much mirth, here is also a true discription of the nature and disposition of sundrie Spaniards. So that by reading hereof, such as have not travailed Spaine, may as well discerne much of the maners and customs of that countrey, as those that have there long time continued.'[2] The prologue to the second French translation (by 'P.B.', Paris, 1601; I quote from the edition of 1620) again promises the public a picture of Spanish life: 'la gueuserie, et charlatannerie d'un pauvre aveugle, la sotte vanité d'un pauvre Cavalier Espagnol, l'avarice et façon de vivre d'un Prêtre, l'impie méchanceté et piperie d'un falsificateur de

[1] *El decoro de las personas* is Horace's *reddere personae convenientia cuique* (*Ars poetica*, l. 316), the art of making each character's words and deeds appropriate.
[2] See J. E. V. Crofts' preface to his edition (Oxford, 1924) of the 1586 edition, the earliest to survive.

Bulles, les mœurs et condition de quelques autres . . .' These editions show a steady interest in the book's *costumbrismo*. The Spanish edition of Milan, 1587, however, strikes a different note. In his dedication the printer Antonio de Antoni speaks of the book as 'no menos ejemplar que gustosa'. 'Exemplary': probably the writer was not alone in that opinion. This was the aspect, at any rate, emphasised by Barezzo Barezzi in his translation and free adaptation (Venice, 1622),[1] in which the original text is almost lost among Barezzi's copious interpolations. The title of this curious work is worth giving in full since it gives a good idea of Barezzi's interpretation.

> Il Picariglio Castigliano, Cioè La Vita di Lazariglio di Tormes Nell'Academia Picaresca lo Ingegnoso Sfortunato. Composta hora accresciuta dallo stesso Lazariglio, & trasportata dalla Spagnuola nell'Italiana favella da Barezzo Barezzi.
>
> Nella quale con vivaci Discorsi, e gratiosi Trattenimenti si celebrano le Virtù, e si manifestanò le di lui & le altrui miserie & infelicitadi: e leggiadramente si spiegano
>
> | | |
> |---|---|
> | Ammaestramenti saggi, | Sentenze gravi, |
> | Attenimenti mirabili, | Fatti egregi, |
> | Capricci curiosi, | Detti piacevoli, |
> | Facetie singolari, | Proverbi sententiosi. |

Barezzi was undoubtedly under the influence of later picaresque novels, which he knew well as their translator. His opinion is interesting, nevertheless, since it reflects what was probably a widespread view of *Lazarillo*.[2]

VII

An anonymous *Segunda Parte* was published in Antwerp in 1555: *La Segunda Parte de Lazarillo de Tormes; y de sus fortunas y aduersidades. En Anvers. En casa de Martin Nucio, a la*

---

[1] This, described as a second impression, was reprinted in 1626, 1635 and 1636.

[2] The frontispiece of the very moral and sententious López de Úbeda's *La pícara Justina* (1605; the engraving is reproduced in *La novela picaresca española*, ed. A. Valbuena Prat, Madrid, 1946) shows Lázaro in a little boat being towed in the wake of *La Nave de la Vida Pícara*.

enseña de las dos Cigüeñas. M.D. LV. Con Priuilegio Imperial.
In this, Lázaro, represented as a great drinker, enlists in the
Algerian expedition of 1541. His ship sinks in a storm but
Lázaro, so full of wine that water cannot enter him, is saved
from drowning and is transformed into a tunny-fish. After
many submarine adventures (he becomes leader of the tunny-
fish; and he meets Truth at the bottom of the sea) he is fished
up again. This curious and not uninteresting work has been
interpreted (though not convincingly) as a religious allegory.[1]
The first chapter of this *Segunda Parte* was attached to the end
of the first part in the French translation of *Lazarillo* in 1560,
and this became a common practice in foreign editions of
Lazarillo, even those in Spanish.

In 1620, Juan de Luna, a Spanish language teacher living
in Paris, published his own *Segunda Parte* together with a
'corrected' edition of the original *Lazarillo*. In his *Advertencia
al lector* he claims his corrèctions were necessary 'porque su
lenguaje es tosco, el estilo llano, y la fras más francesa que
española'. In the prologue to his own *Segunda Parte* he de-
nounced the Antwerp continuation as a piece of folly, and he
goes on: 'Este libro, digo, ha sido el primer motivo que me
ha movido a sacar a luz esta segunda parte, al pie de la letra,
sin quitar ni añadir, como la vi escrita en unos cartapacios, en
el archivo de la jacarandina de Toledo, que se conformaba con
lo que había oído contar cien veces a mi abuela y tías al fuego
las noches de invierno, y con lo que me destetó mi ama.'
(This obviously joking insistence on the authenticity of his
own continuation has been naïvely used to support the hypothesis that a 'folk-Lazarillo' had existed.) Luna goes on to
make a fierce attack on the tyranny of the Inquisition. The
Segunda Parte itself is written in a passionately anticlerical
spirit. Luna shows himself to be an inventive and entertaining
writer, and the book has considerable merit.[2]

[1] For a very interesting discussion of it, see Bataillon, *ed. cit.*,
pp. 61–9. See also C. V. Aubrun's account of a thesis by M. Saludo
in *Bulletin Hispanique*, LIX (1957), pp. 84–6.
[2] It is available in a modern edition by Martín de Riquer in *La Celestina
Lazarillos* (Barcelona, 1959).

THE TEXT

The text of this edition is based on that of Burgos. Obvious errors are silently corrected. The punctuation, accentuation and capitalisation are mine. The spelling has been modernised except where that would involve a change of pronunciation. This has inevitably led to some apparent inconsistencies. For example, the forms *paresce*, *tractado* and *sancto* become *parece*, *tratado* and *santo*, since B vacillates between both spellings. The forms *augmentado*, *presumpción* and *allegar* (for *alegar*) are modernised since they probably do not reflect pronunciation (in each case, at least one of the other editions of 1554 shows the modern form). On the other hand, forms like *dubda* and *cibdad* are retained. The sign ƈ is transcribed as *y* or *e* according to modern usage.

PRINCIPAL STUDIES

BATAILLON, M., *El sentido del 'Lazarillo de Tormes'* (Paris, 1954).
—— introduction to *La Vie de Lazarillo de Tormès* (Paris, 1958).
CARILLA, E., 'El Lazarillo de Tormes', in *Estudios de literatura española* (Rosario, 1958).
CASTRO, A., introduction to *Lazarillo de Tormes*, ed. Hesse and Williams (Univ. of Wisconsin Press, Madison, 1948).
CAVALIERE, A., introduction to *Lazarillo de Tormes* (Naples, 1955).
CEJADOR, J., introduction to *Lazarillo de Tormes* (Madrid, 1914).
FOULCHÉ-DELBOSC, R., 'Remarques sur *Lazarillo de Tormes*', *Revue Hispanique*, VII (1900), 81–97.
GUILLÉN, C., 'La disposición temporal del *Lazarillo de Tormes*', *Hispanic Review*, XXV (1957), 264–79.
MONTE, A. del, *Itinerario del romanzo picaresco spagnolo* (Florence, 1957).
MOREL-FATIO, A., 'Recherches sur *Lazarillo de Tormes*', in *Études sur l'Espagne*, 1ère Série, 2nd ed. (Paris, 1895), 111–66.
RIQUER, M. DE, introduction to *La Celestina y Lazarillos* (Barcelona, 1959), 79–136.
SICROFF, A., 'Sobre el estilo del *Lazarillo de Tormes*', *Nueva Revista de Filología Hispánica*, XI (1957), 157–70.
SIEBENMANN, G., *Über Sprache und Stil im Lazarillo de Tormes* (Berne, 1953).

TARR, F. C., 'Literary and Artistic Unity in the *Lazarillo de Tormes*', *PMLA* (Publications of the Modern Language Association), XLII (1927), 404–21.

WAGNER, C. P., introduction to the translation by L. How (New York, 1917).

WARDROPPER, BRUCE W., 'El trastorno de la moral en el *Lazarillo*', *Nueva Revista de Filología Hispánica*, XV (1961), 441–7.

WILLIS, R. S., 'Lazarillo and the Pardoner: the Artistic Necessity of the Fifth *Tractado*', *Hispanic Review*, XXVII (1959), 267–79.

LA VIDA DE
LAZARILLO DE TORMES

PRÓLOGO

Yo por bien tengo que cosas tan señaladas, y por ventura nunca oídas ni vistas, vengan a noticia de muchos y no se entierren en la sepultura del olvido, pues podría ser que alguno que las lea halle algo que le agrade, y a los que no ahondaren tanto los deleite; y a este propósito dice Plinio que no hay libro, por malo que sea, que no tenga alguna cosa buena; mayormente que los gustos no son todos unos, mas lo que uno no come, otro se pierde por ello. Y así vemos cosas tenidas en poco de algunos, que de otros no lo son. Y esto, para que ninguna cosa se debría romper ni echar a mal, si 10 muy detestable no fuese, sino que a todos se comunicase, mayormente siendo sin perjuicio y pudiendo sacar della algún fruto; porque si así no fuese, muy pocos escribirían para uno solo, pues no se hace sin trabajo, y quieren, ya que lo pasan, ser recompensados, no con dineros, mas con que vean y lean sus obras, y si hay de qué, se las alaben; y a este propósito dice Tulio: La honra cría las artes. ¿Quién piensa que el soldado que es primero del escala, tiene más aborrecido el vivir? No, por cierto; mas el deseo de alabanza le hace ponerse al peligro; y así, en las artes y letras es lo mesmo. Predica muy bien el 20 presentado, y es hombre que desea mucho el provecho de las ánimas; mas pregunten a su merced si le pesa cuando le dicen: '¡Oh, qué maravillosamente lo ha hecho vuestra reverencia!' Justó muy ruinmente el senor don Fulano, y dio el sayete de armas al truhán, porque le loaba de haber llevado muy buenas lanzas. ¿Qué hiciera si fuera verdad?

Y todo va desta manera: que confesando yo no ser más santo que mis vecinos, desta nonada, que en este grosero estilo escribo, no me pesará que hayan parte y se huelguen con ello todos los que en ella algún gusto hallaren, y vean que vive un 30 hombre con tantas fortunas, peligros y adversidades.

Suplico a vuestra M. reciba el pobre servicio de mano de quien lo hiciera más rico si su poder y deseo se conformaran.

3

Y pues V.M. escribe se le escriba y relate el caso muy por
extenso, parecióme no tomalle por el medio, sino del principio, porque se tenga entera noticia de mi persona, y también
porque consideren los que heredaron nobles estados cuán poco
se les debe, pues fortuna fue con ellos parcial, y cuánto más
hicieron los que, siéndoles contraria, con fuerza y maña remando, salieron a buen puerto.

TRATADO PRIMERO

Cuenta Lázaro su vida, y cuyo hijo fue

Pues sepa V.M. ante todas cosas que a mí llaman Lázaro de
Tormes, hijo de Tomé Gonzáles y de Antona Pérez, naturales
de Tejares, aldea de Salamanca. Mi nacimiento fue dentro del
río Tormes, por la cual causa tomé el sobrenombre, y fue desta
manera. Mi padre, que Dios perdone, tenía cargo de proveer
una molienda de una aceña, que está ribera de aquel río, en la
cual fue molinero más de quince años; y estando mi madre una
noche en la aceña, preñada de mí, tomóle el parto y parióme
allí: de manera que con verdad me puedo decir nacido en el
río. Pues siendo yo niño de ocho años, achacaron a mi padre 1.10
ciertas sangrías malhechas en los costales de los que allí a
moler venían, por lo cual fue preso, y confesó y no negó y
padeció persecución por justicia. Espero en Dios que está en la
Gloria, pues el Evangelio los llama bienaventurados. En este
tiempo se hizo cierta armada contra moros, entre los cuales
fue mi padre, que a la sazón estaba desterrado por el desastre
ya dicho, con cargo de acemilero de un caballero que allá fue,
y con su señor, como leal criado, feneció su vida.
   Mi viuda madre, como sin marido y sin abrigo se viese,
determinó arrimarse a los buenos por ser uno dellos, y vínose 1.20
a vivir a la ciudad, y alquiló una casilla, y metióse a guisar de
comer a ciertos estudiantes, y lavaba la ropa a ciertos mozos de
caballos del Comendador de la Magdalena, de manera que fue
frecuentando las caballerizas. Ella y un hombre moreno de
aquellos que las bestias curaban, vinieron en conocimiento.
Éste algunas veces se venía a nuestra casa, y se iba a la mañana;
otras veces de día llegaba a la puerta, en achaque de comprar
huevos, y entrábase en casa. Yo, al principio de su entrada,
pesábame con él y habíale miedo, viendo el color y mal gesto
que tenía; mas de que vi que con su venida mejoraba el comer, 1.30
fuile queriendo bien, porque siempre traía pan, pedazos de

5

carne, y en el invierno leños, a que nos calentábamos. De manera que, continuando la posada y conversación, mi madre vino a darme un negrito muy bonito, el cual yo brincaba y ayudaba a calentar. Y acuérdome que, estando el negro de mi padrastro trebejando con el mozuelo, como el niño vía a mi madre y a mí blancos, y a él no, huía dél con miedo para mi madre, y señalando con el dedo decía: '¡Madre, coco!'

Respondió él riendo: '¡Hideputa!'

1.40 Yo, aunque bien mochacho, noté aquella palabra de mi hermanico, y dije entre mí:

'¡Cuántos debe de haber en el mundo que huyen de otros porque no se veen a sí mesmos!'

Quiso nuestra fortuna que la conversación del Zaide, que así se llamaba, llegó a oídos del mayordomo, y hecha pesquisa, hallóse que la mitad por medio de la cebada, que para las bestias le daban, hurtaba, y salvados, leña, almohazas, mandiles, y las mantas y sábanas de los caballos hacía perdidas, y cuando otra cosa no tenía, las bestias desherraba, y con todo 1.50 esto acudía a mi madre para criar a mi hermanico. No nos maravillemos de un clérigo ni fraile, porque el uno hurta de los pobres y el otro de casa para sus devotas y para ayuda de otro tanto, cuando a un pobre esclavo el amor le animaba a esto. Y probósele cuanto digo y aun más, porque a mí con amenazas me preguntaban, y como niño respondía, y descubría cuanto sabía con miedo, hasta ciertas herraduras que por mandado de mi madre a un herrero vendí. Al triste de mi padrastro azotaron y pringaron, y a mi madre pusieron pena por justicia, sobre el acostumbrado centenario, que en casa 1.60 del sobredicho Comendador no entrase, ni al lastimado Zaide en la suya acogiese.

Por no echar la soga tras el caldero, la triste se estorzó y cumplió la sentencia; y por evitar peligro y quitarse de malas lenguas, se fue a servir a los que al presente vivían en el mesón de la Solana; y allí, padeciendo mil importunidades, se acabó de criar mi hermanico hasta que supo andar, y a mí hasta ser buen mozuelo, que iba a los huéspedes por vino y candelas y por lo demás que me mandaban.

En este tiempo vino a posar al mesón un ciego, el cual, pareciéndole que yo sería para adestralle, me pidió a mi *1.70* madre, y ella me encomendó a él, diciéndole como era hijo de un buen hombre, el cual por ensalzar la fe había muerto en la de los Gelves, y que ella confiaba en Dios no saldría peor hombre que mi padre, y que le rogaba me tratase bien y mirase por mí, pues era huérfano. Él respondió que así lo haría, y que me recibía no por mozo sino por hijo. Y así le comencé a servir y adestrar a mi nuevo y viejo amo.

Como estuvimos en Salamanca algunos días, pareciéndole a mi amo que no era la ganancia a su contento, determinó irse de allí; y cuando nos hubimos de partir, yo fui a ver a mi *1.80* madre, y ambos llorando, me dio su bendición y dijo:

'Hijo, ya sé que no te veré más. Procura de ser bueno, y Dios te guíe. Criado te he y con buen amo te he puesto. Válete por ti.'

Y así me fui para mi amo, que esperándome estaba. Salimos de Salamanca, y llegando a la puente, está a la entrada della un animal de piedra, que casi tiene forma de toro, y el ciego mandóme que llegase cerca del animal, y allí puesto, me dijo:

'Lázaro, llega el oído a este toro, y oirás gran ruido dentro dél.' *1.90*

Yo simplemente llegué, creyendo ser ansí; y como sintió que tenía la cabeza par de la piedra, afirmó recio la mano y diome una gran calabazada en el diablo del toro, que más de tres días me duró el dolor de la cornada, y díjome:

'Necio, aprende que el mozo del ciego un punto ha de saber más que el diablo,' y rio mucho la burla.

Parecióme que en aquel instante desperté de la simpleza en que como niño dormido estaba. Dije entre mí:

'Verdad dice éste, que me cumple avivar el ojo y avisar, pues solo soy, y pensar cómo me sepa valer.' *1.100*

Comenzamos nuestro camino, y en muy pocos días me mostró jerigonza, y como me viese de buen ingenio, holgábase mucho, y decía:

'Yo oro ni plata no te lo puedo dar, mas avisos para vivir muchos te mostraré.'

Y fue ansí, que después de Dios éste me dio la vida, y siendo ciego me alumbró y adestró en la carrera de vivir. Huelgo de contar a V.M. estas niñerías para mostrar cuánta virtud sea saber los hombres subir siendo bajos, y dejarse 1.110 bajar siendo altos cuánto vicio.

Pues tornando al bueno de mi ciego y contando sus cosas, V.M. sepa que desde que Dios crió el mundo, ninguno formó más astuto ni sagaz. En su oficio era un águila; ciento y tantas oraciones sabía de coro: un tono bajo, reposado y muy sonable que hacía resonar la iglesia donde rezaba, un rostro humilde y devoto que con muy buen continente ponía cuando rezaba, sin hacer gestos ni visajes con boca ni ojos, como otros suelen hacer. Allende desto, tenía otras mil formas y maneras para sacar el dinero. Decía saber oraciones para muchos y diversos 1.120 efectos: para mujeres que no parían, para las que estaban de parto, para las que eran malcasadas, que sus maridos las quisiesen bien; echaba pronósticos a las preñadas, si traía hijo o hija. Pues en caso de medicina, decía que Galeno no supo la mitad que él para muela, desmayos, males de madre. Finalmente, nadie le decía padecer alguna pasión, que luego no le decía: 'Haced esto, haréis estotro, cosed tal yerba, tomad tal raíz.' Con esto andábase todo el mundo tras él, especialmente mujeres, que cuanto les decía creían. Destas sacaba él grandes provechos con las artes que digo, y ganaba más en un mes 1.130 que cien ciegos en un año.

Mas también quiero que sepa vuestra merced que, con todo lo que adquiría y tenía, jamás tan avariento ni mezquino hombre no vi, tanto que me mataba a mí de hambre, y así no me demediaba de lo necesario. Digo verdad: si con mi sotileza y buenas mañas no me supiera remediar, muchas veces me finara de hambre; mas con todo su saber y aviso le contaminaba de tal suerte que siempre, o las más veces, me cabía lo más y mejor. Para esto le hacía burlas endiabladas, de las cuales contaré algunas, aunque no todas a mi salvo.

1.140   Él traía el pan y todas las otras cosas en un fardel de lienzo que por la boca se cerraba con una argolla de hierro y su candado y su llave, y al meter de todas las cosas y sacallas,

era con tan gran vigilancia y tanto por contadero, que no bastara hombre en todo el mundo hacerle menos una migaja; mas yo tomaba aquella laceria que él me daba, la cual en menos de dos bocados era despachada. Después que cerraba el candado y se descuidaba pensando que yo estaba entendiendo en otras cosas, por un poco de costura, que muchas veces del un lado del fardel descosía y tornaba a coser, sangraba el avariento fardel, sacando no por tasa pan, mas buenos pedazos, torreznos 1.150 y longaniza; y ansí buscaba conveniente tiempo para rehacer, no la chaza, sino la endiablada falta que el mal ciego me faltaba. Todo lo que podía sisar y hurtar, traía en medias blancas; y cuando le mandaban rezar y le daban blancas, como él carecía de vista, no había el que se la daba amagado con ella, cuando yo la tenía lanzada en la boca y la media aparejada, que por presto que él echaba la mano, ya iba de mi cambio aniquilada en la mitad del justo precio. Quejábaseme el mal ciego, porque al tiento luego conocía y sentía que no era blanca entera, y decía: 1.160
'¿Qué diablo es esto, que después que comigo estás no me dan sino medias blancas, y de antes una blanca y un maravedí hartas veces me pagaban? En ti debe estar esta desdicha.'

También él abreviaba el rezar y la mitad de la oración no acababa, porque me tenía mandado que en yéndose el que la mandaba rezar, le tirase por cabo del capuz. Yo así lo hacía. Luego él tornaba a dar voces, diciendo: '¿Mandan rezar tal y tal oración?', como suelen decir.

Usaba poner cabe sí un jarrillo de vino cuando comíamos, y yo muy de presto le asía y daba un par de besos callados y 1.170 tornábale a su lugar. Mas turóme poco, que en los tragos conocía la falta, y por reservar su vino a salvo nunca después desamparaba el jarro, antes lo tenía por el asa asido; mas no había piedra imán que así trajese a sí como yo con una paja larga de centeno, que para aquel menester tenía hecha, la cual metiéndola en la boca del jarro, chupando el vino lo dejaba a buenas noches. Mas como fuese el traidor tan astuto, pienso que me sintió, y dende en adelante mudó propósito, y asentaba su jarro entre las piernas, y atapábale con la mano, y ansí bebía

1.180 seguro. Yo, como estaba hecho al vino, moría por él, y viendo que aquel remedio de la paja no me aprovechaba ni valía, acordé en el suelo del jarro hacerle una fuentecilla y agujero sotil, y delicadamente con una muy delgada tortilla de cera taparlo, y al tiempo de comer, fingiendo haber frío, entrábame entre las piernas del triste ciego a calentarme en la pobrecilla lumbre que teníamos, y al calor della luego derretida la cera, por ser muy poca, comenzaba la fuentecilla a destillarme en la boca, la cual yo de tal manera ponía que maldita la gota se perdía. Cuando el pobreto iba a beber, no hallaba nada: 1.190 espantábase, maldecíase, daba al diablo el jarro y el vino, no sabiendo qué podía ser.

'No diréis, tío, que os lo bebo yo — decía — pues no le quitáis de la mano.'

Tantas vueltas y tientos dio al jarro, que halló la fuente y cayó en la burla; mas así lo disimuló como si no lo hubiera sentido, y luego otro día, teniendo yo rezumando mi jarro como solía, no pensando el daño que me estaba aparejado ni que el mal ciego me sentía, sentéme como solía, estando recibiendo aquellos dulces tragos, mi cara puesta hacia el cielo, 1.200 un poco cerrados los ojos por mejor gustar el sabroso licor, sintió el desesperado ciego que agora tenía tiempo de tomar de mí venganza y con toda su fuerza, alzando con dos manos aquel dulce y amargo jarro, le dejó caer sobre mi boca, ayudándose, como digo, con todo su poder, de manera que el pobre Lázaro, que de nada desto se guardaba, antes, como otras veces, estaba descuidado y gozoso, verdaderamente me pareció que el cielo, con todo lo que en él hay, me había caído encima. Fué tal el golpecillo, que me desatinó y sacó de sentido, y el jarrazo tan grande, que los pedazos dél se me 1.210 metieron por la cara, rompiéndomela por muchas partes, y me quebró los dientes, sin los cuales hasta hoy día me quedé.

Desde aquella hora quise mal al mal ciego, y aunque me quería y regalaba y me curaba, bien vi que se había holgado del cruel castigo. Lavóme con vino las roturas que con los pedazos del jarro me había hecho, y sonriéndose decía: '¿Qué te parece, Lázaro? Lo que te enfermó te sana y da salud,' y otros donaires que a mi gusto no lo eran.

Ya que estuve medio bueno de mi negra trepa y cardenales, considerando que a pocos golpes tales el cruel ciego ahorraría de mí, quise yo ahorrar dél; mas no lo hice tan presto por 1.220 hacello más a mi salvo y provecho. Y aunque yo quisiera asentar mi corazón y perdonalle el jarrazo, no daba lugar el maltratamiento que el mal ciego dende allí adelante me hacía, que sin causa ni razón me hería, dándome coxcorrones y repelándome. Y si alguno le decía por qué me trataba tan mal, luego contaba el cuento del jarro, diciendo:

'¿Pensaréis que este mi mozo es algún inocente? Pues oíd si el demonio ensayara otra tal hazaña.'

Santiguándose los que lo oían, decían: '¡Mirá, quién pensara de un muchacho tan pequeño tal ruindad!', y reían mucho el 1.230 artificio, y decíanle: 'Castigaldo, castigaldo, que de Dios lo habréis.'

Y él con aquello nunca otra cosa hacía. Y en esto yo siempre le llevaba por los peores caminos, y adrede, por le hacer mal y daño: si había piedras, por ellas, si lodo, por lo más alto; que aunque yo no iba por lo más enjuto, holgábame a mí de quebrar un ojo por quebrar dos al que ninguno tenía. Con esto siempre con el cabo alto del tiento me atentaba el colo-drillo, el cual siempre traía lleno de tolondrones y pelado de sus manos; y aunque yo juraba no lo hacer con malicia, sino 1.240 por no hallar mejor camino, no me aprovechaba ni me creía más: tal era el sentido y el grandísimo entendimiento del traidor.

Y porque vea V.M. a cuánto se estendía el ingenio deste astuto ciego, contaré un caso de muchos que con él me acaecieron, en el cual me parece dio bien a entender su gran astucia. Cuando salimos de Salamanca, su motivo fue venir a tierra de Toledo, porque decía ser la gente más rica, aunque no muy limosnera. Arrimábase a este refrán: 'más da el duro que el desnudo.' Y venimos a este camino por los mejores 1.250 lugares. Donde hallaba buena acogida y ganancia, deteníamo-nos; donde no, a tercero día hacíamos Sant Juan.

Acaeció que llegando a un lugar que llaman Almorox, al tiempo que cogían las uvas, un vendimiador le dio un racimo

dellas en limosna, y como suelen ir los cestos maltratados y
también porque la uva en aquel tiempo está muy madura,
desgranábasele el racimo en la mano; para echarlo en el fardel
tornábase mosto, y lo que a él se llegaba. Acordó de hacer un
banquete, ansí por no lo poder llevar como por contentarme,
1.260 que aquel día me había dado muchos rodillazos y golpes.
Sentámonos en un valladar y dijo:

'Agora quiero yo usar contigo de una liberalidad, y es que
ambos comamos este racimo de uvas, y que hayas dél tanta
parte como yo. Partillo hemos desta manera: tú picarás una
vez y yo otra; con tal que me prometas no tomar cada vez
más de una uva, yo haré lo mesmo hasta que lo acabemos, y
desta suerte no habrá engaño.'

Hecho ansí el concierto, comenzamos; mas luego al segundo
lance el traidor mudó propósito y comenzó a tomar de dos en
1.270 dos, considerando que yo debría hacer lo mismo. Como vi
que él quebraba la postura, no me contenté ir a la par con él,
mas aun pasaba adelante: dos a dos, y tres a tres, y como
podía las comía. Acabado el racimo, estuvo un poco con el
escobajo en la mano y meneando la cabeza dijo:

'Lázaro, engañado me has: juraré yo a Dios que has tú
comido las uvas tres a tres.'

'No comí — dije yo — mas ¿por qué sospecháis eso?'

Respondió el sagacísimo ciego:

'¿Sabes en qué veo que las comiste tres a tres? En que comía
1.280 yo dos a dos y callabas.'

Reíme entre mí, y aunque mochacho noté mucho la discreta
consideración del ciego.

Mas por no ser prolijo dejo de contar muchas cosas, así
graciosas como de notar, que con este mi primer amo me
acaecieron, y quiero decir el despidiente y con él acabar.

Estábamos en Escalona, villa del duque della, en un mesón,
y dióme un pedazo de longaniza que le asase. Ya que la
longaniza había pringado y comídose las pringadas, sacó un
maravedí de la bolsa y mandó que fuese por él de vino a la
1.290 taberna. Púsome el demonio el aparejo delante los ojos, el
cual, como suelen decir, hace al ladrón, y fue que había cabe

el fuego un nabo pequeño, larguillo y ruinoso, y tal que, por
no ser para la olla, debió ser echado allí. Y como al presente
nadie estuviese sino él y yo solos, como me vi con apetito
goloso, habiéndome puesto dentro el sabroso olor de la
longaniza, del cual solamente sabía que había de gozar, no
mirando qué me podría suceder, pospuesto todo el temor por
cumplir con el deseo, en tanto que el ciego sacaba de la bolsa
el dinero, saqué la longaniza y muy presto metí el sobredicho
nabo en el asador, el cual mi amo, dándome el dinero para el   1.300
vino, tomó y comenzó a dar vueltas al fuego, queriendo asar
al que de ser cocido por sus deméritos había escapado.

Yo fui por el vino, con el cual no tardé en despachar la
longaniza, y cuando vine hallé al pecador del ciego que tenía
entre dos rebanadas apretado el nabo, al cual aún no había
conocido por no lo haber tentado con la mano. Como tomase
las rebanadas y mordiese en ellas, pensando también llevar
parte de la longaniza, hallóse en frío con el frío nabo. Alteróse
y dijo:

'¿Qué es esto, Lazarillo?'   1.310

'¡Lacerado de mí! — dije yo —. ¿Si queréis a mí echar algo?
¿Yo no vengo de traer el vino? Alguno estaba ahí, y por burlar
haría esto.'

'No, no — dijo él — que yo no he dejado el asador de la
mano; no es posible.'

Yo torné a jurar y perjurar que estaba libre de aquel trueco
y cambio; mas poco me aprovechó, pues a las astucias del
maldito ciego nada se le escondía. Levantóse y asióme por la
cabeza, y llegóse a olerme; y como debió sentir el huelgo, a
uso de buen podenco, por mejor satisfacerse de la verdad, y   1.320
con la gran agonía que llevaba, asiéndome con las manos,
abríame la boca más de su derecho y desatentadamente metía
la nariz, la cual él tenía luenga y afilada, y a aquella sazón con
el enojo se había aumentado un palmo, con el pico de la cual
me llegó a la gulilla. Y con esto y con el gran miedo que
tenía, y con la brevedad del tiempo, la negra longaniza aún
no había hecho asiento en el estómago, y lo más principal,
con el destiento de la cumplidísima nariz medio cuasi ahogán-

dome, todas estas cosas se juntaron y fueron causa que el
1.330　hecho y golosina se manifestase y lo suyo fuese vuelto a su
dueño: de manera que antes que el mal ciego sacase de mi
boca su trompa, tal alteración sintió mi estómago que le dio
con el hurto en ella, de suerte que su nariz y la negra malmaxcada longaniza a un tiempo salieron de mi boca.

¡Oh gran Dios, quién estuviera aquella hora sepultado, que
muerto ya lo estaba! Fue tal el coraje del perverso ciego que,
si al ruido no acudieran, pienso no me dejara con la vida.
Sacáronme de entre sus manos, dejándoselas llenas de aquellos
pocos cabellos que tenía, arañada la cara y rascuñado el pes-
1.340　cuezo y la garganta; y esto bien lo merecía, pues por su maldad
me venían tantas persecuciones.

Contaba el mal ciego a todos cuantos allí se allegaban mis
desastres, y dábales cuenta una y otra vez, así de la del jarro
como de la del racimo, y agora de lo presente. Era la risa de
todos tan grande que toda la gente que por la calle pasaba
entraba a ver la fiesta; mas con tanta gracia y donaire recontaba el ciego mis hazañas que, aunque yo estaba tan maltratado
y llorando, me parecía que hacía sinjusticia en no se las reír.

Y en cuanto esto pasaba, a la memoria me vino una cobardía
1.350　y flojedad que hice, por que me maldecía, y fue no dejalle sin
narices, pues tan buen tiempo tuve para ello que la meitad del
camino estaba andado; que con sólo apretar los dientes se me
quedaran en casa, y con ser de aquel malvado, por ventura lo
retuviera mejor mi estómago que retuvo la longaniza, y no
pareciendo ellas pudiera negar la demanda. Pluguiera a Dios
que lo hubiera hecho, que eso fuera así que así. Hiciéronnos
amigos la mesonera y los que allí estaban, y con el vino que
para beber le había traído, laváronme la cara y la garganta,
sobre lo cual discantaba el mal ciego donaires, diciendo:

1.360　'Por verdad, más vino me gasta este mozo en lavatorios al
cabo del año que yo bebo en dos. A lo menos, Lázaro, eres
en más cargo al vino que a tu padre, porque él una vez te
engendró, mas el vino mil te ha dado la vida.'

Y luego contaba cuántas veces me había descalabrado y
harpado la cara, y con vino luego sanaba.

'Yo te digo — dijo — que si un hombre en el mundo ha de ser bienaventurado con vino, que serás tú.'

Y reían mucho los que me lavaban con esto, aunque yo renegaba. Mas el pronóstico del ciego no salió mentiroso, y después acá muchas veces me acuerdo de aquel hombre, que **1.**370 sin duda debía tener spíritu de profecía, y me pesa de los sinsabores que le hice, aunque bien se lo pagué, considerando lo que aquel día me dijo salirme tan verdadero como adelante V.M. oirá.

Visto esto y las malas burlas que el ciego burlaba de mí, determiné de todo en todo dejalle, y como lo traía pensado y lo tenía en voluntad, con este postrer juego que me hizo afirmélo más. Y fue ansí, que luego otro día salimos por la villa a pedir limosna, y había llovido mucho la noche antes; y porque el día también llovía, y andaba rezando debajo de **1.**380 unos portales que en aquel pueblo había, donde no nos mojamos; mas como la noche se venía y el llover no cesaba, díjome el ciego:

'Lázaro, esta agua es muy porfiada, y cuanto la noche más cierra, más recia. Acojámonos a la posada con tiempo.'

Para ir allá, habíamos de pasar un arroyo que con la mucha agua iba grande. Yo le dije:

'Tío, el arroyo va muy ancho; mas si queréis, yo veo por donde travesemos más aína sin nos mojar, porque se estrecha allí mucho, y saltando pasaremos a pie enjuto.' **1.**390

Parecióle buen consejo y dijo:

'Discreto eres; por esto te quiero bien. Llévame a ese lugar donde el arroyo se ensangosta, que agora es invierno y sabe mal el agua, y más llevar los pies mojados.'

Yo, que vi el aparejo a mi deseo, saquéle debajo de los portales, y llevélo derecho de un pilar o poste de piedra que en la plaza estaba, sobre el cual y sobre otros cargaban saledizos de aquellas casas, y dígole:

'Tío, éste es el paso más angosto que en el arroyo hay.'

Como llovía recio, y el triste se mojaba, y con la priesa que **1.**400 llevábamos de salir del agua que encima de nos caía, y lo más

principal, porque Dios le cegó aquella hora el entendimiento
(fue por darme dél venganza), creyóse de mí y dijo:

'Ponme bien derecho, y salta tú el arroyo.'

Yo le puse bien derecho enfrente del pilar, y doy un salto
y póngome detrás del poste como quien espera tope de toro,
y díjele:

'¡Sus! Saltá todo lo que podáis, porque deis deste cabo del
agua.'

1.410 Aun apenas lo había acabado de decir cuando se abalanza
el pobre ciego como cabrón, y de toda su fuerza arremete,
tomando un paso atrás de la corrida para hacer mayor salto,
y da con la cabeza en el poste, que sonó tan recio como si
diera con una gran calabaza, y cayó luego para atrás, medio
muerto y hendida la cabeza.

'¿Cómo, y olistes la longaniza y no el poste? ¡Olé! ¡Olé!'
— le dije yo.

Y déjele en poder de mucha gente que lo había ido a
socorrer, y tomé la puerta de la villa en los pies de un trote,
1.420 y antes que la noche viniese di comigo en Torrijos. No supe
más lo que Dios dél hizo, ni curé de lo saber.

TRATADO SEGUNDO

Cómo Lázaro se asentó con un clérigo,
y de las cosas que con él pasó

Otro día, no pareciéndome estar allí seguro, fuime a un lugar que llaman Maqueda, adonde me toparon mis pecados con un clérigo que, llegando a pedir limosna, me preguntó si sabía ayudar a misa. Yo dije que sí, como era verdad; que, aunque maltratado, mil cosas buenas me mostró el pecador del ciego, y una dellas fue ésta. Finalmente, el clérigo me recibió por suyo. Escapé del trueno y di en el relámpago, porque era el ciego para con éste un Alejandre Magno, con ser la mesma avaricia, como he contado. No digo más sino que toda la laceria del mundo estaba encerrada en éste. No 2.10 sé si de su cosecha era, o lo había anexado con el hábito de clerecía.

Él tenía un arcaz viejo y cerrado con su llave, la cual traía atada con un agujeta del paletoque, y en viniendo el bodigo de la iglesia, por su mano era luego allí lanzado, y tornada a cerrar el arca. Y en toda la casa no había ninguna cosa de comer, como suele estar en otras: algún tocino colgado al humero, algún queso puesto en alguna tabla o en el armario, algún canastillo con algunos pedazos de pan que de la mesa sobran; que me parece a mí que aunque dello no me apro- 2.20 vechara, con la vista dello me consolara. Solamente había una horca de cebollas, y tras la llave en una cámara en lo alto de la casa. Destas tenía yo de ración una para cada cuatro días; y cuando le pedía la llave para ir por ella, si alguno estaba presente, echaba mano al falsopecto y con gran continencia la desataba y me la daba diciendo: 'Toma, y vuélvela luego, y no hagáis sino golosinar,' como si debajo della estuvieran todas las conservas de Valencia, con no haber en la dicha cámara, como dije, maldita la otra cosa que las cebollas colgadas de un clavo, las cuales él tenía tan bien por cuenta, que si por malos 2.30

17

de mis pecados me desmandara a más de mi tasa, me costara
caro. Finalmente, yo me finaba de hambre. Pues, ya que
comigo tenía poca caridad, consigo usaba más. Cinco blancas
de carne era su ordinario para comer y cenar. Verdad es que
partía comigo del caldo, que de la carne, ¡tan blanco el ojo!,
sino un poco de pan, y ¡pluguiera a Dios que me demediara!
Los sábados cómense en esta tierra cabezas de carnero, y
enviábame por una que costaba tres maravedís. Aquélla le
cocía y comía los ojos y la lengua y el cogote y sesos y la
carne que en las quijadas tenía, y dábame todos los huesos
roídos, y dábamelos en el plato, diciendo:

'Toma, come, triunfa, que para ti es el mundo. Mejor vida
tienes que el Papa.'

'¡Tal te la dé Dios!', decía yo paso entre mí.

A cabo de tres semanas que estuve con él, vine a tanta
flaqueza que no me podía tener en las piernas de pura hambre.
Vime claramente ir a la sepultura, si Dios y mi saber no me
remediaran. Para usar de mis mañas no tenía aparejo, por no
tener en qué dalle salto; y aunque algo hubiera, no podía
cegalle, como hacía al que Dios perdone, si de aquella calabazada feneció, que todavía, aunque astuto, con faltalle aquel
preciado sentido no me sentía; mas estotro, ninguno hay que
tan aguda vista tuviese como él tenía. Cuando al ofertorio
estábamos, ninguna blanca en la concha caía que no era dél
registrada: el un ojo tenía en la gente y el otro en mis manos.
Bailábanle los ojos en el caxco como si fueran de azogue.
Cuantas blancas ofrecían tenía por cuenta; y acabado el ofrecer,
luego me quitaba la concheta y la ponía sobre el altar. No era
yo señor de asirle una blanca todo el tiempo que con él veví o,
por mejor decir, morí. De la taberna nunca le traje una blanca
de vino, mas aquel poco que de la ofrenda había metido en su
arcaz compasaba de tal forma que le turaba toda la semana, y
por ocultar su gran mezquindad decíame:

'Mira, mozo, los sacerdotes han de ser muy templados en
su comer y beber, y por esto yo no me desmando como otros.'

Mas el lacerado mentía falsamente, porque en cofradías y
mortuorios que rezamos, a costa ajena comía como lobo y

bebía más que un saludador. Y porque dije de mortuorios, Dios me perdone, que jamás fui enemigo de la naturaleza humana sino entonces, y esto era porque comíamos bien y me 2.70 hartaban. Deseaba y aun rogaba a Dios que cada día matase el suyo. Y cuando dábamos sacramento a los enfermos, especialmente la extrema unción, como manda el clérigo rezar a los que están allí, yo cierto no era el postrero de la oración, y con todo mi corazón y buena voluntad rogaba al Señor, no que la echase a la parte que más servido fuese, como se suele decir, mas que le llevase de aqueste mundo. Y cuando alguno de éstos escapaba, ¡Dios me lo perdone!, que mil veces le daba al diablo, y el que se moría otras tantas bendiciones llevaba de mí dichas. Porque en todo el tiempo que allí estuve, que sería 2.80 cuasi seis meses, solas veinte personas fallecieron, y éstas bien creo que las maté yo o, por mejor decir, murieron a mi recuesta; porque viendo el Señor mi rabiosa y continua muerte, pienso que holgaba de matarlos por darme a mí vida. Mas de lo que al presente padecía, remedio no hallaba, que si el día que enterrábamos yo vivía, los días que no había muerto, por quedar bien vezado de la hartura, tornando a mi cuotidiana hambre, más lo sentía. De manera que en nada hallaba descanso, salvo en la muerte, que yo también para mí como para los otros deseaba algunas veces; mas no la vía, aunque estaba 2.90 siempre en mí.

Pensé muchas veces irme de aquel mezquino amo, mas por dos cosas lo dejaba: la primera, por no me atrever a mis piernas, por temer de la flaqueza que de pura hambre me venía; y la otra, consideraba y decía:

'Yo he tenido dos amos: el primero traíame muerto de hambre y, dejándole, topé con estotro, que me tiene ya con ella en la sepultura. Pues si deste desisto y doy en otro más bajo, ¿qué será sino fenecer?'

Con esto no me osaba menear, porque tenía por fe que 2.100 todos los grados había de hallar más ruines; y a abajar otro punto, no sonara Lázaro ni se oyera en el mundo.

Pues, estando en tal aflición, cual plega al Señor librar della a todo fiel cristiano, y sin saber darme consejo, viéndome ir de

mal en peor, un día que el cuitado ruin y lacerado de mi amo
había ido fuera del lugar, llegóse acaso a mi puerta un calderero, el cual yo creo que fue ángel enviado a mí por la mano
de Dios en aquel hábito. Preguntóme si tenía algo que adobar.

'En mí teníades bien que hacer, y no haríades poco si me
2.110 remediásedes,' dije paso, que no me oyó; mas como no era
tiempo de gastarlo en decir gracias, alumbrado por el Spíritu
Santo, le dije:

'Tío, una llave de este arte he perdido, y temo mi señor me
azote. Por vuestra vida, veáis si en ésas que traéis hay alguna
que le haga, que yo os lo pagaré.'

Comenzó a probar el angélico calderero una y otra de un
gran sartal que dellas traía, y yo ayudalle con mis flacas
oraciones. Cuando no me cato, veo en figura de panes, como
dicen, la cara de Dios dentro del arcaz; y, abierto, díjele:

2.120 'Yo no tengo dineros que os dar por la llave, mas tomad de
ahí el pago.'

Él tomó un bodigo de aquéllos, el que mejor le pareció, y
dándome mi llave se fue muy contento, dejándome más a mí.
Mas no toqué en nada por el presente, porque no fuese la
falta sentida, y aun, porque me vi de tanto bien señor, parecióme que la hambre no se me osaba allegar. Vino el mísero
de mi amo, y quiso Dios no miró en la oblada que el ángel
había llevado.

Y otro día, en saliendo de casa, abro mi paraíso panal, y
2.130 tomo entre las manos y dientes un bodigo, y en dos credos
le hice invisible, no se me olvidando el arca abierta; y comienzo
a barrer la casa con mucha alegría, pareciéndome con aquel
remedio remediar dende en adelante la triste vida. Y así estuve
con ello aquel día y otro gozoso. Mas no estaba en mi dicha
que me durase mucho aquel descanso, porque luego al tercero
día me vino la terciana derecha, y fue que veo a deshora al
que me mataba de hambre sobre nuestro arcaz volviendo y
revolviendo, contando y tornando a contar los panes.

Yo disimulaba, y en mi secreta oración y devociones y
2.140 plegarias decía: '¡Sant Juan y ciégale!'

Después que estuvo un gran rato echando la cuenta, por días y dedos contando, dijo:

'Si no tuviera a tan buen recado esta arca, yo dijera que me habían tomado della panes; pero de hoy más, sólo por cerrar la puerta a la sospecha, quiero tener buena cuenta con ellos: nueve quedan y un pedazo.'

'¡Nuevas malas te dé Dios!', dije yo entre mí.

Parecióme con lo que dijo pasarme el corazón con saeta de montero, y comenzóme el estómago a escarbar de hambre, viéndose puesto en la dieta pasada. Fue fuera de casa; yo, por 2.150 consolarme, abro el arca, y como vi el pan, comencélo de adorar, no osando recebillo. Contélos, si a dicha el lacerado se errara, y hallé su cuenta más verdadera que yo quisiera. Lo más que yo pude hacer fue dar en ellos mil besos y, lo más delicado que yo pude, del partido partí un poco al pelo que él estaba; y con aquél pasé aquel día, no tan alegre como el pasado.

Mas como la hambre creciese, mayormente que tenía el estómago hecho a más pan aquellos dos o tres días ya dichos, moría mala muerte; tanto, que otra cosa no hacía en viéndome 2.160 solo sino abrir y cerrar el arca y contemplar en aquella cara de Dios, que ansí dicen los niños. Mas el mesmo Dios, que socorre a los afligidos, viéndome en tal estrecho, trujo a mi memoria un pequeño remedio; que, considerando entre mí, dije:

'Este arquetón es viejo y grande y roto por algunas partes, aunque pequeños agujeros. Puédese pensar que ratones, entrando en él, hacen daño a este pan. Sacarlo entero no es cosa conveniente, porque verá la falta el que en tanta me hace vivir. Esto bien se sufre.'   2.170

Y comienzo a desmigajar el pan sobre unos no muy costosos manteles que allí estaban; y tomo uno y dejo otro, de manera que en cada cual de tres o cuatro desmigajé su poco; después, como quien toma gragea, lo comí, y algo me consolé. Mas él, como viniese a comer y abriese el arca, vio el mal pesar, y sin dubda creyó ser ratones los que el daño habían hecho, porque estaba muy al propio contrahecho de como ellos lo suelen hacer. Miró todo el arcaz de un cabo a otro y viole ciertos agujeros por do sospechaba habían entrado. Llamóme, diciendo:

2.180 '¡Lázaro! ¡Mira, mira qué persecución ha venido aquesta noche por nuestro pan!'

Yo híceme muy maravillado, preguntándole qué sería.

'¡Qué ha de ser! — dijo él —. Ratones, que no dejan cosa a vida.'

Pusímonos a comer, y quiso Dios que aun en esto me fue bien, que me cupo más pan que la laceria que me solía dar, porque rayó con un cuchillo todo lo que pensó ser ratonado, diciendo:

'Cómete eso, que el ratón cosa limpia es.'

2.190 Y así aquel día, añadiendo la ración del trabajo de mis manos, o de mis uñas, por mejor decir, acabamos de comer, aunque yo nunca empezaba. Y luego me vino otro sobresalto, que fue verle andar solícito, quitando clavos de las paredes y buscando tablillas, con las cuales clavó y cerró todos los agujeros de la vieja arca.

'¡Oh, Señor mío! — dije yo entonces —, ¡a cuánta miseria y fortuna y desastres estamos puestos los nacidos, y cuán poco turan los placeres de esta nuestra trabajosa vida! Heme aquí que pensaba con este pobre y triste remedio remediar y pasar

2.200 mi laceria, y estaba ya cuanto que alegre y de buena ventura; mas no quiso mi desdicha, despertando a este lacerado de mi amo y poniéndole más diligencia de la que él de suyo se tenía (pues los míseros por la mayor parte nunca de aquella carecen), agora, cerrando los agujeros del arca, cierrase la puerta a mi consuelo y la abriese a mis trabajos.'

Así lamentaba yo, en tanto que mi solícito carpintero con muchos clavos y tablillas dio fin a sus obras, diciendo: 'Agora, donos traidores ratones, conviéneos mudar propósito, que en esta casa mala medra tenéis.'

2.210 De que salió de su casa, voy a ver la obra y hallé que no dejó en la triste y vieja arca agujero ni aun por donde le pudiese entrar un moxquito. Abro con mi desaprovechada llave, sin esperanza de sacar provecho, y vi los dos o tres panes comenzados, los que mi amo creyó ser ratonados, y dellos todavía saqué alguna lacería, tocándolos muy ligeramente, a uso de esgremidor diestro. Como la necesidad sea tan gran maestra, viéndome con tanta, siempre, noche y día, estaba pensando la manera que ternía en sustentar el vivir; y pienso, para hallar estos negros remedios, que me era luz la hambre, pues dicen que el ingenio con ella se avisa y al contrario con 2.220 la hartura, y así era por cierto en mí.

Pues estando una noche desvelado en este pensamiento, pensando como me podría valer y aprovecharme del arcaz, sentí que mi amo dormía, porque lo mostraba con roncar y en unos resoplidos grandes que daba cuando estaba durmiendo. Levantéme muy quedito y, habiendo en el día pensado lo que había de hacer y dejado un cuchillo viejo que por allí andaba en parte do le hallase, voyme al triste arcaz, y por do había mirado tener menos defensa le acometí con el cuchillo, que a manera de barreno dél usé. Y como la antiquísima arca, por 2.230 ser de tantos años, la hallase sin fuerza y corazón, antes muy blanda y carcomida, luego se me rindió, y consintió en su costado por mi remedio un buen agujero. Esto hecho, abro muy paso la llagada arca y, al tiento, del pan que hallé partido hice según deyuso está escrito. Y con aquello algún tanto consolado, tornando a cerrar, me volví a mis pajas, en las cuales reposé y dormí un poco, lo cual yo hacía mal, y echábalo al no comer; y ansí sería, porque cierto en aquel tiempo no me debían de quitar el sueño los cuidados del rey de Francia.

Otro día fue por el señor mi amo visto el daño así del pan 2.240 como del agujero que yo había hecho, y comenzó a dar a los diablos los ratones y decir:

'¿Qué diremos a esto? ¡Nunca haber sentido ratones en esta casa sino agora!'

Y sin dubda debía de decir verdad; porque si casa había de haber en el reino justamente de ellos privilegiada, aquélla de razón había de ser, porque no suelen morar donde no hay qué comer. Torna a buscar clavos por la casa y por las paredes y tablillas a atapárselos. Venida la noche y su reposo, luego era yo puesto en pie con mi aparejo, y cuantos él tapaba de 2.250 día, destapaba yo de noche. En tal manera fue, y tal priesa nos

dimos, que sin dubda por esto se debió decir: 'Donde una
puerta se cierra, otra se abre.' Finalmente, parecíamos tener a
destajo la tela de Penélope, pues cuanto él tejía de día, rompía
yo de noche; ca en pocos días y noches pusimos la pobre
despensa de tal forma, que quien quisiera propiamente della
hablar, más corazas viejas de otro tiempo que no arcaz la
llamara, según la clavazón y tachuelas sobre sí tenía.

De que vio no le aprovechar nada su remedio, dijo:

2.260   'Este arcaz está tan maltratado y es de madera tan vieja y
flaca, que no habrá ratón a quien se defienda; y va ya tal que,
si andamos más con él, nos dejará sin guarda; y aun lo peor,
que aunque hace poca, todavía hará falta faltando, y me pondrá
en costa de tres o cuatro reales. El mejor remedio que hallo,
pues el de hasta aquí no aprovecha, armaré por de dentro a
estos ratones malditos.'

Luego buscó prestada una ratonera, y con cortezas de queso
que a los vecinos pedía, contino el gato estaba armado dentro
del arca, lo cual era para mí singular auxilio; porque, puesto
2.270   caso que yo no había menester muchas salsas para comer,
todavía me holgaba con las cortezas del queso que de la
ratonera sacaba, y sin esto no perdonaba el ratonar del bodigo.

Como hallase el pan ratonado y el queso comido y no cayese
el ratón que lo comía, dábase al diablo, preguntaba a los
vecinos qué podría ser comer el queso y sacarlo de la ratonera,
y no caer ni quedar dentro el ratón, y hallar caída la trampilla
del gato. Acordaron los vecinos no ser el ratón el que este
daño hacía, porque no fuera menos de haber caído alguna
vez. Díjole un vecino:

2.280   'En vuestra casa yo me acuerdo que solía andar una culebra,
y ésta debe de ser sin dubda. Y lleva razón que, como es larga,
tiene lugar de tomar el cebo; y aunque la coja la trampilla
encima, como no entre toda dentro, tórnase a salir.'

Cuadró a todos lo que aquél dijo, y alteró mucho a mi amo;
y dende en adelante no dormía tan a sueño suelto, que cual-
quier gusano de la madera que de noche sonase, pensaba ser
la culebra que le roía el arca. Luego era puesto en pie, y con
un garrote que a la cabecera, desde que aquello le dijeron,

ponía, daba en la pecadora del arca grandes garrotazos, pensando espantar la culebra. A los vecinos despertaba con el 2.290 estruendo que hacía, y a mí no me dejaba dormir. Íbase a mis pajas y trastornábalas, y a mí con ellas, pensando que se iba para mí y se envolvía en mis pajas o en mi sayo, porque le decían que de noche acaecía a estos animales, buscando calor, irse a las cunas donde están criaturas y aun mordellas y hacerles peligrar. Yo las más veces hacía del dormido, y en las mañanas decíame él:

'Esta noche, mozo, ¿no sentiste nada? Pues tras la culebra anduve, y aun pienso se ha de ir para ti a la cama, que son muy frías y buscan calor.' 2.300

'Plega a Dios que no me muerda — decía yo —, que harto miedo le tengo.'

Desta manera andaba tan elevado y levantado del sueño, que, mi fe, la culebra (o culebro, por mejor decir) no osaba roer de noche ni levantarse al arca; mas de día, mientra estaba en la iglesia o por el lugar, hacía mis saltos: los cuales daños viendo él y el poco remedio que les podía poner, andaba de noche, como digo, hecho trasgo.

Yo hube miedo que con aquellas diligencias no me topase con la llave que debajo de las pajas tenía, y parecióme lo más 2.310 seguro metella de noche en la boca. Porque ya, desde que viví con el ciego, la tenía tan hecha bolsa, que me acaeció tener en ella doce o quince maravedís, todo en medias blancas, sin que me estorbasen el comer; porque de otra manera no era señor de una blanca que el maldito ciego no cayese con ella, no dejando costura ni remiendo que no me buscaba muy a menudo. Pues ansí, como digo, metía cada noche la llave en la boca, y dormía sin recelo que el brujo de mi amo cayese con ella; mas cuando la desdicha ha de venir, por demás es diligencia. 2.320

Quisieron mis hados, o por mejor decir mis pecados, que una noche que estaba durmiendo, la llave se me puso en la boca, que abierta debía tener, de tal manera y postura, que el aire y resoplo que yo durmiendo echaba salía por lo hueco de la llave, que de cañuto era, y silbaba, según mi desastre quiso, muy recio, de tal manera que el sobresaltado de mi amo lo oyó y creyó sin duda ser el silbo de la culebra; y cierto lo debía parecer.

Levantóse muy paso con su garrote en la mano, y al tiento
2.330 y sonido de la culebra se llegó a mí con mucha quietud, por no ser sentido de la culebra; y como cerca se vio, pensó que allí en las pajas do yo estaba echado, al calor mío se había venido. Levantando bien el palo, pensando tenerla debajo y darle tal garrotazo que la matase, con toda su fuerza me descargó en la cabeza un tan gran golpe, que sin ningún sentido y muy mal descalabrado me dejó.

Como sintió que me había dado, según yo debía hacer gran sentimiento con el fiero golpe, contaba él que se había llegado a mí y dándome grandes voces, llamándome, procuró recor-
2.340 darme. Mas como me tocase con las manos, tentó la mucha sangre que se me iba, y conoció el daño que me había hecho, y con mucha priesa fue a buscar lumbre. Y llegando con ella, hallóme quejando, todavía con mi llave en la boca, que nunca la desamparé, la mitad fuera, bien de aquella manera que debía estar al tiempo que silbaba con ella.

Espantado el matador de culebras qué podría ser aquella llave, miróla, sacándomela del todo de la boca, y vio lo que era, porque en las guardas nada de la suya diferenciaba. Fue luego a proballa, y con ella probó el maleficio. Debió de decir
2.350 el cruel cazador: 'El ratón y culebra que me daban guerra y me comían mi hacienda he hallado.'

De lo que sucedió en aquellos tres días siguientes ninguna fe daré, porque los tuve en el vientre de la ballena; mas de cómo esto que he contado oí, después que en mí torné, decir a mi amo, el cual a cuantos allí venían lo contaba por extenso.

A cabo de tres días yo torné en mi sentido y vime echado en mis pajas, la cabeza toda emplastada y llena de aceites y ungüentos y, espantado, dije: '¿Qué es esto?'

Respondióme el cruel sacerdote:
2.360   'A fe, que los ratones y culebras que me destruían ya los he cazado.'

Y miré por mí, y vime tan maltratado que luego sospeché mi mal.

A esta hora entró una vieja que ensalmaba, y los vecinos, y comiénzanme a quitar trapos de la cabeza y curar el garrotazo. Y como me hallaron vuelto en mi sentido, holgáronse mucho y dijeron:

'Pues ha tornado en su acuerdo, placerá a Dios no será nada.'

Ahí tornaron de nuevo a contar mis cuitas y a reírlas, y yo, 2.370 pecador, a llorarlas. Con todo esto, diéronme de comer, que estaba transido de hambre, y apenas me pudieron remediar. Y ansí, de poco en poco, a los quince días me levanté y estuve sin peligro, mas no sin hambre, y medio sano.

Luego otro día que fui levantado, el señor mi amo me tomó por la mano y sacóme la puerta fuera y, puesto en la calle, díjome:

'Lázaro, de hoy más eres tuyo y no mío. Busca amo y vete con Dios, que yo no quiero en mi compañía tan diligente servidor. No es posible sino que hayas sido mozo de ciego.' 2.380

Y santiguándose de mí como si yo estuviera endemoniado, tórnase a meter en casa y cierra su puerta.

TRATADO TERCERO

Cómo Lázaro se asentó con un escudero,
y de lo que le acaeció con él

Desta manera me fue forzado sacar fuerzas de flaqueza y, poco a poco, con ayuda de las buenas gentes di comigo en esta insigne ciudad de Toledo, adonde con la merced de Dios dende a quince días se me cerró la herida; y mientras estaba malo, siempre me daban alguna limosna, mas después que estuve sano, todos me decían:

'Tú, bellaco y gallofero eres. Busca, busca un amo a quien sirvas.'

'¿Y adónde se hallará ése — decía yo entre mí — si Dios **3.10** agora de nuevo, como crió el mundo, no le criase?'

Andando así discurriendo de puerta en puerta, con harto poco remedio, porque ya la caridad se subió al cielo, topóme Dios con un escudero que iba por la calle con razonable vestido, bien peinado, su paso y compás en orden. Miróme, y yo a él, y díjome:

'Mochacho, ¿buscas amo?'

Yo le dije: 'Sí, señor.'

'Pues vente tras mí — me respondió — que Dios te ha hecho merced en topar comigo. Alguna buena oración rezaste **3.20** hoy.'

Y seguíle, dando gracias a Dios por lo que le oí, y también que me parecía, según su hábito y continente, ser el que yo había menester.

Era de mañana cuando este mi tercero amo topé, y llevóme tras sí gran parte de la ciudad. Pasábamos por las plazas do se vendía pan y otras provisiones. Yo pensaba y aun deseaba que allí me quería cargar de lo que se vendía, porque ésta era propria hora cuando se suele proveer de lo necesario; mas muy a tendido paso pasaba por estas cosas. 'Por ventura no **3.30** lo vee aquí a su contento — decía yo — y querrá que lo compremos en otro cabo.'

28

Desta manera anduvimos hasta que dio las once. Entonces se entró en la iglesia mayor, y yo tras él, y muy devotamente le vi oír misa y los otros oficios divinos, hasta que todo fue acabado y la gente ida. Entonces salimos de la iglesia.

A buen paso tendido comenzamos a ir por una calle abajo. Yo iba el más alegre del mundo en ver que no nos habíamos ocupado en buscar de comer. Bien consideré que debía ser hombre, mi nuevo amo, que se proveía en junto, y que ya la comida estaría a punto y tal como yo la deseaba y aun la había menester. **3.40**

En este tiempo dio el reloj la una después de mediodía, y llegamos a una casa ante la cual mi amo se paró, y yo con él; y derribando el cabo de la capa sobre el lado izquierdo, sacó una llave de la manga y abrió su puerta y entramos en casa; la cual tenía la entrada obscura y lóbrega de tal manera que parece que ponía temor a los que en ella entraban, aunque dentro della estaba un patio pequeño y razonables cámaras.

Desque fuimos entrados, quita de sobre sí su capa y, preguntando si tenía las manos limpias, la sacudimos y doblamos, y **3.50** muy limpiamente soplando un poyo que allí estaba, la puso en él. Y hecho esto, sentóse cabo della, preguntándome muy por extenso de dónde era y cómo había venido a aquella ciudad; y yo le di más larga cuenta que quisiera, porque me parecía más conveniente hora de mandar poner la mesa y escudillar la olla que de lo que me pedía. Con todo eso, yo le satisfice de mi persona lo mejor que mentir supe, diciendo mis bienes y callando lo demás, porque me parecía no ser para en cámara.

Esto hecho, estuvo ansí un poco, y yo luego vi mala señal, **3.60** por ser ya casi las dos y no le ver más aliento de comer que a un muerto. Después desto, consideraba aquel tener cerrada la puerta con llave ni sentir arriba ni abajo pasos de viva persona por la casa. Todo lo que yo había visto eran paredes, sin ver en ella silleta, ni tajo, ni banco, ni mesa, ni aun tal arcaz como el de marras: finalmente, ella parecía casa encantada. Estando así, díjome:

'Tú, mozo, ¿has comido?'

'No, señor — dije yo —, que aún no eran dadas las ocho
3.70 cuando con vuestra merced encontré.'

'Pues, aunque de mañana, yo había almorzado, y cuando
ansí como algo, hágote saber que hasta la noche me estoy
ansí. Por eso, pásate como pudieres, que después cenaremos.'

Vuestra merced crea, cuando esto le oí, que estuve en poco
de caer de mi estado, no tanto de hambre como por conocer
de todo en todo la fortuna serme adversa. Allí se me repre-
sentaron de nuevo mis fatigas, y torné a llorar mis trabajos;
allí se me vino a la memoria la consideración que hacía cuando
me pensaba ir del clérigo, diciendo que aunque aquél era
3.80 desventurado y mísero, por ventura toparía con otro peor:
finalmente, allí lloré mi trabajosa vida pasada y mi cercana
muerte venidera. Y con todo, disimulando lo mejor que pude:

'Señor, mozo soy que no me fatigo mucho por comer,
bendito Dios. Deso me podré yo alabar entre todos mis iguales
por de mejor garganta, y ansí fui yo loado della fasta hoy día
de los amos que yo he tenido.'

'Virtud es ésa — dijo él — y por eso te querré yo más;
porque el hartar es de los puercos y el comer regladamente es
de los hombres de bien.'

3.90 '¡Bien te he entendido! — dije yo entre mí — ¡maldita tanta
medicina y bondad como aquestos mis amos que yo hallo
hallan en la hambre!'

Púseme a un cabo del portal y saqué unos pedazos de pan
del seno, que me habían quedado de los de por Dios. Él, que
vio esto, díjome:

'Ven acá, mozo. ¿Qué comes?'

Yo lleguéme a él y mostréle el pan. Tomóme él un pedazo,
de tres que eran el mejor y más grande, y díjome:

'Por mi vida, que parece éste buen pan.'

3.100 '¡Y cómo! ¿Agora — dije yo —, señor, es bueno?'

'Sí, a fe — dijo él —. ¿Adónde lo hubiste? ¿Si es amasado
de manos limpias?'

'No sé yo eso — le dije — mas a mí no me pone asco el
sabor dello.'

'Así plega a Dios,' dijo el pobre de mi amo.

Y llevándolo a la boca, comenzó a dar en él tan fieros bocados como yo en lo otro.

'Sabrosísimo pan está — dijo — por Dios.'

Y como le sentí de qué pie coxqueaba, dime priesa, porque le vi en disposición, si acababa antes que yo, se comediría a 3.11c ayudarme a lo que me quedase; y con esto acabamos casi a una. Y mi amo comenzó a sacudir con las manos unas pocas de migajas, y bien menudas, que en los pechos se le habían quedado, y entró en una camareta que allí estaba, y sacó un jarro desbocado y no muy nuevo, y desque hubo bebido convidóme con él. Yo, por hacer del continente, dije:

'Señor, no bebo vino.'

'Agua es, — me respondió —. Bien puedes beber.'

Entonces tomé el jarro y bebí, no mucho, porque de sed no era mi congoja. Ansí estuvimos hasta la noche, hablando 3.12c en cosas que me preguntaba, a las cuales yo le respondí lo mejor que supe. En este tiempo metióme en la cámara donde estaba el jarro de que bebimos, y díjome:

'Mozo, párate allí y verás cómo hacemos esta cama, para que la sepas hacer de aquí adelante.'

Púseme de un cabo y él del otro y hecimos la negra cama, en la cual no había mucho que hacer, porque ella tenía sobre unos bancos un cañizo, sobre el cual estaba tendida la ropa que, por no estar muy continuada a lavarse, no parecía colchón, aunque servía dél, con harta menos lana que era menes- 3.130 ter. Aquél tendimos, haciendo cuenta de ablandalle, lo cual era imposible, porque de lo duro mal se puede hacer blando. El diablo del enjalma maldita la cosa tenía dentro de sí, que puesto sobre el cañizo todas las cañas se señalaban y parecían a lo proprio entrecuesto de flaquísimo puerco; y sobre aquel hambriento colchón un alfamar del mesmo jaez, del cual el color yo no pude alcanzar. Hecha la cama y la noche venida, díjome:

'Lázaro, ya es tarde, y de aquí a la plaza hay gran trecho. También en esta ciudad andan muchos ladrones que siendo de 3.140 noche capean. Pasemos como podamos y mañana, venido el día, Dios hará merced; porque yo, por estar solo, no estoy

proveído, antes he comido estos días por allá fuera, mas agora
hacerlo hemos de otra manera.'

'Señor, de mí — dije yo — ninguna pena tenga vuestra
merced, que sé pasar una noche y aun más, si es menester,
sin comer.'

'Vivirás más y más sano — me respondió — porque, como'
decíamos hoy, no hay tal cosa en el mundo para vivir mucho
que comer poco.'

3.150

'Si por esa vía es — dije entre mí — nunca yo moriré, que
siempre he guardado esa regla por fuerza, y aun espero en mi
desdicha tenella toda mi vida.'

Y acostóse en la cama, poniendo por cabecera las calzas y el
jubón, y mandóme echar a sus pies, lo cual yo hice; mas
¡maldito el sueño que yo dormí! Porque las cañas y mis salidos
huesos en toda la noche dejaron de rifar y encenderse, que con
mis trabajos, males y hambre, pienso que en mi cuerpo no
había libra de carne; y también, como aquel día no había

3.160 comido casi nada, rabiaba de hambre, la cual con el sueño
no tenía amistad. Maldíjeme mil veces — ¡Dios me lo perdone!
— y a mi ruin fortuna, allí lo más de la noche, y (lo peor) no
osándome revolver por no despertalle, pedí a Dios muchas
veces la muerte.

La mañana venida, levantámonos, y comienza a limpiar y
sacudir sus calzas y jubón y sayo y capa — y yo que le servía
de pelillo — y vístese muy a su placer de espacio. Echéle
aguamanos, peinóse y puso su espada en el talabarte y, al
tiempo que la ponía, díjome:

3.170

'¡Oh, si supieses, mozo, qué pieza es ésta! No hay marco
de oro en el mundo por que yo la diese. Mas ansí, ninguna de
cuantas Antonio hizo, no acertó a ponelle los aceros tan
prestos como ésta los tiene.'

Y sacóla de la vaina y tentóla con los dedos, diciendo:

'¿Vesla aquí? Yo me obligo con ella cercenar un copo de
lana.'

Y yo dije entre mí:

'Y yo con mis dientes, aunque no son de acero, un pan de
cuatro libras.'

Tornóla a meter y ciñósela y un sartal de cuentas gruesas 3.180
del talabarte, y con un paso sosegado y el cuerpo derecho,
haciendo con él y con la cabeza muy gentiles meneos, echando
el cabo de la capa sobre el hombro y a veces so el brazo, y
poniendo la mano derecha en el costado, salió por la puerta,
diciendo:

'Lázaro, mira por la casa en tanto que voy a oír misa, y haz
la cama, y ve por la vasija de agua al río, que aquí bajo está,
y cierra la puerta con llave, no nos hurten algo, y ponla aquí
al quicio, porque si yo viniere en tanto pueda entrar.'

Y súbese por la calle arriba con tan gentil semblante y 3.190
continente, que quien no le conociera pensara ser muy cer-
cano pariente al conde de Arcos, o a lo menos camarero que
le daba de vestir.

'¡Bendito seáis vos, Señor, — quedé yo diciendo — que
dais la enfermedad y ponéis el remedio! ¿Quién encontrara a
aquel mi señor que no piense, según el contento de sí lleva,
haber anoche bien cenado y dormido en buena cama, y aunque
agora es de mañana, no le cuenten por muy bien almorzado?
¡Grandes secretos son, Señor, los que vos hacéis y las gentes
ignoran! ¿A quién no engañara aquella buena disposición y 3.200
razonable capa y sayo, y quién pensara que aquel gentil
hombre se pasó ayer todo el día sin comer, con aquel mendrugo de pan que su criado Lázaro trujo un día y una noche
en el arca de su seno, do no se le podía pegar mucha limpieza,
y hoy, lavándose las manos y cara, a falta de paño de manos,
se hacía servir de la halda del sayo? Nadie por cierto lo sospechara. ¡Oh Señor, y cuántos de aquéstos debéis vos tener
por el mundo derramados, que padecen por la negra que
llaman honra lo que por vos no sufrirían!'

Ansí estaba yo a la puerta, mirando y considerando estas 3.210
cosas y otras muchas, hasta que el señor mi amo traspuso la
larga y angosta calle, y como lo vi trasponer, tornéme a entrar
en casa, y en un credo la anduve toda, alto y bajo, sin hacer
represa ni hallar en qué. Hago la negra dura cama y tomo el
jarro y doy comigo en el río, donde en una huerta vi a mi
amo en gran recuesta con dos rebozadas mujeres, al parecer

de las que en aquel lugar no hacen falta, antes muchas tienen
por estilo de irse a las mañanicas del verano a refrescar y
almorzar sin llevar qué por aquellas frescas riberas, con con-
3.220 fianza que no ha de faltar quién se lo dé, según las tienen
puestas en esta costumbre aquellos hidalgos del lugar.

Y como digo, él estaba entre ellas hecho un Macías, dicién-
doles más dulzuras que Ovidio escribió. Pero como sintieron
dél que estaba bien enternecido, no se les hizo de vergüenza
pedirle de almorzar con el acostumbrado pago. Él, sintiéndose
tan frío de bolsa cuanto estaba caliente del estómago, tomóle
tal calofrío que le robó la color del gesto, y comenzó a tur-
barse en la plática y a poner excusas no válidas. Ellas, que
debían ser bien instituídas, como le sintieron la enfermedad,
3.230 dejáronle para el que era.

Yo, que estaba comiendo ciertos tronchos de berzas, con
los cuales me desayuné, con mucha diligencia, como mozo
nuevo, sin ser visto de mi amo, torné a casa, de la cual pensé
barrer alguna parte, que era bien menester, mas no hallé con
qué. Púseme a pensar qué haría, y parecióme esperar a mi amo
hasta que el día demediase y si viniese y por ventura trajese
algo que comiésemos; mas en vano fue mi experiencia.

Desque vi ser las dos y no venía y la hambre me aquejaba,
cierro mi puerta y pongo la llave do mandó, y tórnome a mi
3.240 menester. Con baja y enferma voz e inclinadas mis manos en
los senos, puesto Dios ante mis ojos y la lengua en su nombre,
comienzo a pedir pan por las puertas y casas más grandes que
me parecía. Mas como yo este oficio le hobiese mamado en la
leche, quiero decir que con el gran maestro el ciego lo aprendí,
tan suficiente discípulo salí que, aunque en este pueblo no
había caridad ni el año fuese muy abundante, tan buena maña
me di que, antes que el reloj diese las cuatro, ya yo tenía otras
tantas libras de pan ensiladas en el cuerpo y más de otras dos
en las mangas y senos. Volvíme a la posada y al pasar por la
3.250 tripería pedí a una de aquellas mujeres, y diome un pedazo de
uña de vaca con otras pocas de tripas cocidas.

Cuando llegué a casa, ya el bueno de mi amo estaba en ella,
doblada su capa y puesta en el poyo, y él paseándose por el

patio. Como entro, vínose para mí. Pensé que me quería reñir
la tardanza, mas mejor lo hizo Dios. Preguntóme dó venía.
Yo le dije:
'Señor, hasta que dio las dos estuve aquí, y de que vi que
V.M. no venía, fuime por esa ciudad a encomendarme a las
buenas gentes, y hanme dado esto que veis.'
Mostréle el pan y las tripas que en un cabo de la halda traía, 3.260
a lo cual él mostró buen semblante y dijo:
'Pues esperado te he a comer, y de que vi que no veniste,
comí. Mas tú haces como hombre de bien en eso, que más
vale pedillo por Dios que no hurtallo, y ansí Él me ayude
como ello me parece bien. Y solamente te encomiendo no
sepan que vives comigo, por lo que toca a mi honra, aunque
bien creo que será secreto, según lo poco que en este pueblo
soy conocido. ¡Nunca a él yo hubiera de venir!'
'De eso pierda, señor, cuidado — le dije yo — que maldito
aquél que ninguno tiene de pedirme esa cuenta ni yo de dalla.' 3.270
'Agora pues, come, pecador. Que, si a Dios place, presto
nos veremos sin necesidad; aunque te digo que después que
en esta casa entré, nunca bien me ha ido. Debe ser de mal
suelo, que hay casas desdichadas y de mal pie, que a los que
viven en ellas pegan la desdicha. Ésta debe de ser sin dubda
de ellas; mas yo te prometo, acabado el mes, no quede en
ella aunque me la den por mía.'
Sentéme al cabo del poyo y, porque no me tuviese por
glotón, callé la merienda; y comienzo a cenar y morder en
mis tripas y pan, y disimuladamente miraba al desventurado 3.280
señor mío, que no partía sus ojos de mis faldas, que aquella
sazón servían de plato. Tanta lástima haya Dios de mí como
yo había dél, porque sentí lo que sentía, y muchas veces había
por ello pasado y pasaba cada día. Pensaba si sería bien come-
dirme a convidalle; mas por me haber dicho que había comido,
temíame no aceptaría el convite. Finalmente, yo deseaba aquel
pecador ayudase a su trabajo del mío, y se desayunase como
el día antes hizo, pues había mejor aparejo, por ser mejor la
vianda y menos mi hambre.

3.290   Quiso Dios cumplir mi deseo, y aun pienso que el suyo, porque, como comencé a comer y él se andaba paseando, llegóse a mí y díjome:

'Dígote, Lázaro, que tienes en comer la mejor gracia que en mi vida vi a hombre, y que nadie te lo verá hacer que no le pongas gana aunque no la tenga.'

'La muy buena que tú tienes — dije yo entre mí — te hace parecer la mía hermosa.'

Con todo, parecióme ayudarle, pues se ayudaba y me abría camino para ello, y díjele:

3.300   'Señor, el buen aparejo hace buen artífice. Este pan está sabrosísimo y esta uña de vaca tan bien cocida y sazonada, que no habrá a quien no convide con su sabor.'

'¿Uña de vaca es?'

'Sí, señor.'

'Dígote que es el mejor bocado del mundo, y que no hay faisán que ansí me sepa.'

'Pues pruebe, señor, y verá qué tal está.'

Póngole en las uñas la otra y tres o cuatro raciones de pan de lo más blanco y asentóseme al lado, y comienza a comer

3.310   como aquel que lo había gana, royendo cada huesecillo de aquéllos mejor que un galgo suyo lo hiciera.

'Con almodrote — decía — es éste singular manjar.'

'Con mejor salsa lo comes tú,' respondí yo paso.

'Por Dios, que me ha sabido como si hoy no hobiera comido bocado.'

'¡Ansí me vengan los buenos años como es ello!' dije yo entre mí.

Pidióme el jarro del agua y díselo como lo había traído. Es señal que, pues no le faltaba el agua, que no le había a

3.320   mi amo sobrado la comida. Bebimos, y muy contentos nos fuimos a dormir como la noche pasada.

Y por evitar prolijidad, desta manera estuvimos ocho o diez días, yéndose el pecador en la mañana con aquel contento y paso contado a papar aire por las calles, teniendo en el pobre Lázaro una cabeza de lobo. Contemplaba yo muchas veces mi desastre, que escapando de los amos ruines que había

tenido y buscando mejoría, viniese a topar con quien no solo
no me mantuviese, mas a quien yo había de mantener.

Con todo, le quería bien, con ver que no tenía ni podía más,
y antes le había lástima que enemistad; y muchas veces, por 3.330
llevar a la posada con que él lo pasase, yo lo pasaba mal.
Porque una mañana, levantándose el triste en camisa, subió
a lo alto de la casa a hacer sus menesteres, y en tanto yo, por
salir de sospecha, desenvolvíle el jubón y las calzas que a la
cabecera dejó, y hallé una bolsilla de terciopelo raso hecho
cien dobleces y sin maldita la blanca ni señal que la hobiese
tenido mucho tiempo.

'Éste — decía yo — es pobre y nadie da lo que no tiene.
Mas el avariento ciego y el malaventurado mezquino clérigo
que, con dárselo Dios a ambos, al uno de mano besada y al 3.340
otro de lengua suelta, me mataban de hambre, aquéllos es
justo desamar y aquéste de haber mancilla.'

Dios es testigo que hoy día, cuando topo con alguno de su
hábito, con aquel paso y pompa, le he lástima, con pensar si
padece lo que aquél le vi sufrir; al cual con toda su pobreza
holgaría de servir más que a los otros por lo que he dicho.
Sólo tenía dél un poco de descontento: que quisiera yo que
no tuviera tanta presunción, mas que abajara un poco su
fantasía con lo mucho que subía su necesidad. Mas, según
me parece, es regla ya entre ellos usada y guardada; aunque 3.350
no haya cornado de trueco, ha de andar el birrete en su lugar.
El Señor lo remedie, que ya con este mal han de morir.

Pues, estando yo en tal estado, pasando la vida que digo,
quiso mi mala fortuna, que de perseguirme no era satisfecha,
que en aquella trabajada y vergonzosa vivienda no durase.
Y fue: como el año en esta tierra fuese estéril de pan, acordaron
el Ayuntamiento que todos los pobres estranjeros se fuesen de
la ciudad, con pregón que el que de allí adelante topasen fuese
punido con azotes. Y así, ejecutando la ley, desde a cuatro
días que el pregón se dio, vi llevar una procesión de pobres 3.360
azotando por las Cuatro Calles, lo cual me puso tan gran
espanto, que nunca osé desmandarme a demandar.

Aquí viera, quien vello pudiera, la abstinencia de mi casa

y la tristeza y silencio de los moradores, tanto que nos acaeció
estar dos o tres días sin comer bocado, ni hablaba palabra. A
mí diéronme la vida unas mujercillas hilanderas de algodón,
que hacían bonetes y vivían par de nosotros, con las cuales yo
tuve vecindad y conocimiento; que de la laceria que les traían
me daban alguna cosilla, con la cual muy pasado me pasaba.
Y no tenía tanta lástima de mí como del lastimado de mi
amo, que en ocho días maldito el bocado que comió. A lo
menos, en casa bien lo estuvimos sin comer. No sé yo cómo
o dónde andaba y qué comía. ¡Y velle venir a mediodía la
calle abajo con estirado cuerpo, más largo que galgo de buena
casta! Y por lo que toca a su negra que dicen honra, tomaba
una paja de las que aun asaz no había en casa, y salía a la
puerta escarbando los dientes que nada entre sí tenían, que-
jándose todavía de aquel mal solar, diciendo:

'Malo está de ver, que la desdicha desta vivienda lo hace.
Como ves, es lóbrega, triste, obscura. Mientras aquí estuviére-
mos, hemos de padecer. Ya deseo que se acabe este mes por
salir della.'

Pues, estando en esta afligida y hambrienta persecución un
día, no sé por cual dicha o ventura, en el pobre poder de mi
amo entró un real, con el cual él vino a casa tan ufano como
si tuviera el tesoro de Venecia; y con gesto muy alegre y
risueño me lo dio, diciendo:

'Toma, Lázaro, que Dios ya va abriendo su mano. Ve a la
plaza y merca pan y vino y carne: ¡quebremos el ojo al diablo!
Y más, te hago saber, porque te huelgues, que he alquilado
otra casa, y en ésta desastrada no hemos de estar más de en
cumpliendo el mes. ¡Maldita sea ella y el que en ella puso la
primera teja, que con mal en ella entré! Por Nuestro Señor,
cuanto ha que en ella vivo, gota de vino ni bocado de carne
no he comido, ni he habido descanso ninguno; mas ¡tal vista
tiene y tal obscuridad y tristeza! Ve y ven presto, y comamos
hoy como condes.'

Tomo mi real y jarro y a los pies dándoles priesa, comienzo
a subir mi calle encaminando mis pasos para la plaza muy
contento y alegre. Mas ¿qué me aprovecha si está constituído

en mi triste fortuna que ningún gozo me venga sin zozobra?
Y ansí fue éste; porque yendo la calle arriba, echando mi
cuenta en lo que le emplearía que fuese mejor y más pro-
vechosamente gastado, dando infinitas gracias a Dios que a
mi amo había hecho con dinero, a deshora me vino al encuentro
un muerto, que por la calle abajo muchos clérigos y gente en
unas andas traían. Arriméme a la pared por darles lugar, y
desque el cuerpo pasó, venían luego a par del lecho una que
debía ser mujer del difunto, cargada de luto, y con ella otras
muchas mujeres; la cual iba llorando a grandes voces y diciendo: 3.410
    'Marido y señor mío, ¿adónde os me llevan? ¡A la casa
triste y desdichada, a la casa lóbrega y obscura, a la casa
donde nunca comen ni beben!'
    Yo que aquello oí, juntóseme el cielo con la tierra, y dije:
'¡Oh desdichado de mí! Para mi casa llevan este muerto.'
    Dejo el camino que llevaba y hendí por medio de la gente,
y vuelvo por la calle abajo a todo el más correr que pude
para mi casa, y entrando en ella cierro a grande priesa, in-
vocando el auxilio y favor de mi amo, abrazándome dél, que
me venga ayudar y a defender la entrada. El cual, algo alterado, 3.420
pensando que fuese otra cosa, me dijo:
    '¿Qué es eso, mozo? ¿Qué voces das? ¿Qué has? ¿Por qué
cierras la puerta con tal furia?'
    '¡Oh señor — dije yo — acuda aquí, que nos traen acá un
muerto!'
    '¿Cómo así?' respondió él.
    'Aquí arriba lo encontré, y venía diciendo su mujer:
"Marido y señor mío, adónde os llevan? ¡A la casa lóbrega
y obscura, a la casa triste y desdichada, a la casa donde nunca
comen ni beben." Acá, señor, nos le traen.'   3.430
    Y ciertamente, cuando mi amo esto oyó, aunque no tenía
por qué estar muy risueño, rio tanto que muy gran rato estuvo
sin poder hablar. En este tiempo tenía ya yo echada la aldaba
a la puerta y puesto el hombro en ella por más defensa. Pasó
la gente con su muerto, y yo todavía me recelaba que nos le
habían de meter en casa; y desque fue ya más harto de reír
que de comer, el bueno de mi amo díjome:

'Verdad es, Lázaro; según la viuda lo va diciendo, tú tuviste
razón de pensar lo que pensaste. Mas, pues Dios lo ha hecho
3.440 mejor y pasan adelante, abre, abre, y ve por de comer.'

'Déjálos, señor, acaben de pasar la calle,' dije yo.

Al fin vino mi amo a la puerta de la calle, y ábrela esfor-
zándome, que bien era menester, según el miedo y alteración,
y me torno a encaminar. Mas aunque comimos bien aquel día,
maldito el gusto yo tomaba en ello, ni en aquellos tres días
torné en mi color; y mi amo muy risueño todas las veces que
se le acordaba aquella mi consideración.

De esta manera estuve con mi tercero y pobre amo, que fue
este escudero, algunos días, y en todos deseando saber la
3.450 intención de su venida y estada en esta tierra; porque desde
el primer día que con él asenté, le conocí ser estranjero, por
el poco conocimiento y trato que con los naturales della tenía.
Al fin se cumplió mi deseo y supe lo que deseaba; porque un
día que habíamos comido razonablemente y estaba algo contento, contóme su hacienda y díjome ser de Castilla la Vieja,
y que había dejado su tierra no más de por no quitar el bonete
a un caballero su vecino.

'Señor — dije yo — si él era lo que decís y tenía más que
vos, ¿no errábades en no quitárselo primero, pues decís que
3.460 él también os lo quitaba?'

'Sí es, y sí tiene, y también me lo quitaba él a mí; mas, de
cuantas veces yo se le quitaba primero, no fuera malo comedirse él alguna y ganarme por la mano.'

'Paréceme, señor — le dije yo — que en eso no mirara,
mayormente con mis mayores que yo y que tienen más.'

'Eres mochacho — me respondió — y no sientes las cosas
de la honra, en que el día de hoy está todo el caudal de los
hombres de bien. Pues te hago saber que yo soy, como vees,
un escudero; mas ¡vótote a Dios!, si al conde topo en la calle
3.470 y no me quita muy bien quitado del todo el bonete, que otra
vez que venga, me sepa yo entrar en una casa, fingiendo yo
en ella algún negocio, o atravesar otra calle, si la hay, antes
que llegue a mí, por no quitárselo. Que un hidalgo no debe
a otro que a Dios y al rey nada, ni es justo, siendo hombre

de bien, se descuide un punto de tener en mucho su persona.
Acuérdome que un día deshonré en mi tierra a un oficial, y
quise ponerle las manos, porque cada vez que le topaba me
decía: "Mantenga Dios a vuestra merced." "Vos, don villano
ruin -le dije yo -¿por qué no sois bien criado? ¿Manténgaos
Dios, me habéis de decir, como si fuese quienquiera?" De 3.480
allí adelante, de aquí acullá, me quitaba el bonete y hablaba
como debía.'

'¿Y no es buena manera de saludar un hombre a otro — dije
yo — decirle que le mantenga Dios?'

'¡Mira mucho de enhoramala! — dijo él —. A los hombres
de poca arte dicen eso, mas a los más altos, como yo, no les
han de hablar menos de: "Beso las manos de vuestra merced",
o por lo menos: "Bésoos, señor, las manos", si el que me
habla es caballero. Y ansí, de aquél de mi tierra que me atestaba de mantenimiento, nunca más le quise sufrir, ni sufriría 3.490
ni sufriré a hombre del mundo, del rey abajo, que "Manténgaos Dios" me diga.'

'Pecador de mí — dije yo — por eso tiene tan poco cuidado
de mantenerte, pues no sufres que nadie se lo ruegue.'

'Mayormente — dijo — que no soy tan pobre que no tengo
en mi tierra un solar de casas, que a estar ellas en pie y bien
labradas, diez y seis leguas de donde nací, en aquella costanilla
de Valladolid, valdrían más de docientas veces mil maravedís,
según se podrían hacer grandes y buenas; y tengo un palomar
que, a no estar derribado como está, daría cada año más de 3.500
docientos palominos; y otras cosas que me callo, que dejé por
lo que tocaba a mi honra. Y vine a esta ciudad, pensando que
hallaría un buen asiento, mas no me ha sucedido como pensé.
Canónigos y señores de la iglesia, muchos hallo, mas es gente
tan limitada que no los sacaran de su paso todo el mundo.
Caballeros de media talla, también me ruegan; mas servir con
éstos es gran trabajo, porque de hombre os habéis de con-
vertir en malilla, y si no, "Andá con Dios" os dicen. Y las
más veces son los pagamentos a largos plazos, y las más
y las más ciertas, comido por servido. Ya cuando quieren 3.510
reformar conciencia y satisfaceros vuestros sudores, sois

librados en larecámara, en un sudado jubón oraída capao sayo.
Ya cuando asienta un hombre con un señor de título, todavía
pasa su lacería. ¿Pues por ventura no hay en mí habilidad para
servir y contentar a éstos? Por Dios, si con él topase, muy gran
su privado pienso que fuese y que mil servicios le hiciese,
porque yo sabría mentille tan bien como otro, y agradalle a las
mil maravillas: reílle hía mucho sus donaires y costumbres,
aunque no fuesen las mejores del mundo; nunca decirle cosa
3.520 con que le pesase, aunque mucho le cumpliese; ser muy diligente en su persona en dicho y hecho; no me matar por no
hacer bien las cosas que él no había de ver, y ponerme a
reñir, donde lo oyese, con la gente de servicio, porque pare-
ciese tener gran cuidado de lo que a él tocaba; si riñese con
algún su criado, dar unos puntillos agudos para le encender
la ira y que pareciesen en favor del culpado; decirle bien de
lo que bien le estuviese y, por el contrario, ser malicioso,
mofador, malsinar a los de casa y a los de fuera; pesquisar y
procurar de saber vidas ajenas para contárselas; y otras muchas
3.530 galas de esta calidad que hoy día se usan en palacio. Y a los
señores dél parecen bien, y no quieren ver en sus casas hombres
virtuosos, antes los aborrecen y tienen en poco y llaman necios
y que no son personas de negocios ni con quien el señor se puede
descuidar. Y con éstos los astutos usan, como digo, el día de
hoy, de lo que yo usaría. Mas no quiere mi ventura que le halle.'
    Desta manera lamentaba también su adversa fortuna mi
amo, dándome relación de su persona valerosa.
    Pues, estando en esto, entró por la puerta un hombre y una
vieja. El hombre le pide el alquiler de la casa y la vieja el de la
3.540 cama. Hacen cuenta, y de dos en dos meses le alcanzaron lo
que él en un año no alcanzara: pienso que fueron doce o trece
reales. Y él les dio muy buena respuesta: que saldría a la plaza
a trocar una pieza de a dos, y que a la tarde volviesen. Mas su
salida fue sin vuelta. Por manera que a la tarde ellos volvieron,
mas fue tarde. Yo les dije que aún no era venido. Venida la
noche, y él no, yo hube miedo de quedar en casa solo, y fuime
a las vecinas y contéles el caso, y allí dormí. Venida la mañana,
los acreedores vuelven y preguntan por el vecino, mas a estotra

puerta. Las mujeres le responden: 'Veis aquí su mozo y la llave de la puerta.' 3.550

Ellos me preguntaron por él y díjele que no sabía adónde estaba y que tampoco había vuelto a casa desde que salió a trocar la pieza, y que pensaba que de mí y de ellos se había ido con el trueco. De que esto me oyeron, van por un alguacil y un escribano. Y helos do vuelven luego con ellos, y toman la llave, y llámanme, y llaman testigos, y abren la puerta, y entran a embargar la hacienda de mi amo hasta ser pagados de su deuda. Anduvieron toda la casa y halláronla desembarazada, como he contado, y dícenme:

'¿Qué es de la hacienda de tu amo, sus arcas y paños de 3.560 pared y alhajas de casa?'

'No sé yo eso,' le respondí.

'Sin duda — dicen ellos — esta noche lo deben de haber alzado y llevado a alguna parte. Señor alguacil, prended a este mozo, que él sabe dónde está.'

En esto vino el alguacil, y echóme mano por el collar del jubón, diciendo:

'Mochacho, tú eres preso si no descubres los bienes deste tu amo.'

Yo, como en otra tal no me hubiese visto — porque asido 3.570 del collar, sí, había sido muchas e infinitas veces, mas era mansamente dél trabado, para que mostrase el camino al que no vía — yo hube mucho miedo, y llorando prometíle de decir lo que preguntaban.

'Bien está — dicen ellos — pues di todo lo que sabes, y no hayas temor.'

Sentóse el escribano en un poyo para escrebir el inventario, preguntándome qué tenía.

'Señores — dije yo — lo que este mi amo tiene, según él me dijo, es un muy buen solar de casas y un palomar derri- 3.580 bado.'

'Bien está — dicen ellos —. Por poco que eso valga, hay para nos entregar de la deuda. ¿Y a qué parte de la ciudad tiene eso?', me preguntaron.

'En su tierra,' les respondí.

'Por Dios, que está bueno el negocio — dijeron ellos —. ¿Y adónde es su tierra?'

'De Castilla la Vieja me dijo él que era,' le dije yo.

Riéronse mucho el alguacil y el escribano, diciendo:

3.590 'Bastante relación es ésta para cobrar vuestra deuda, aunque mejor fuese.'

Las vecinas, que estaban presentes, dijeron:

'Señores, éste es un niño inocente, y ha pocos días que está con ese escudero, y no sabe dél más que vuestras mercedes, sino, cuanto el pecadorcico, se llega aquí a nuestra casa, y le damos de comer lo que podemos por amor de Dios, y a las noches se iba a dormir con él.'

Vista mi inocencia, dejáronme, dándome por libre. Y el alguacil y el escribano piden al hombre y a la mujer sus

3.600 derechos, sobre lo cual tuvieron gran contienda y ruido, porque ellos alegaron no ser obligados a pagar, pues no había de qué ni se hacía el embargo. Los otros decían que habían dejado de ir a otro negocio que les importaba más por venir a aquél. Finalmente, después de dadas muchas voces, al cabo carga un porquerón con el viejo alfamar de la vieja, aunque no iba muy cargado. Allá van todos cinco dando voces. No sé en qué paró. Creo yo que el pecador alfamar pagara por todos, y bien se empleaba, pues el tiempo que había de reposar y descansar de los trabajos pasados, se andaba alquilando.

3.610 Así, como he contado, me dejó mi pobre tercero amo, do acabé de conocer mi ruin dicha, pues, señalándose todo lo que podría contra mí, hacía mis negocios tan al revés, que los amos, que suelen ser dejados de los mozos, en mí no fuese ansí, mas que mi amo me dejase y huyese de mí.

TRATADO CUARTO

Cómo Lázaro se asentó con un fraile de la Merced,
y de lo que le acaeció con él

Hube de buscar el cuarto, y éste fue un fraile de la Merced,
que las mujercillas que digo me encaminaron, al cual ellas le
llamaban pariente: gran enemigo del coro y de comer en el
convento, perdido por andar fuera, amicísimo de negocios
seglares y visitar, tanto que pienso que rompía él más zapatos
que todo el convento. Éste me dio los primeros zapatos que
rompí en mi vida, mas no me duraron ocho días, ni yo pude
con su trote durar más. Y por esto y por otras cosillas que
no digo, salí dél.

TRATADO QUINTO

*Cómo Lázaro se asentó con un buldero,
y de las cosas que con él pasó*

En el quinto por mi ventura di, que fue un buldero, el
más desenvuelto y desvergonzado y el mayor echador dellas
que jamás yo vi ni ver espero ni pienso que nadie vio; porque
tenía y buscaba modos y maneras y muy sotiles invenciones.

En entrando en los lugares do habían de presentar la bula,
primero presentaba a los clérigos o curas algunas cosillas, no
tampoco de mucho valor ni substancia: una lechuga murciana,
si era por el tiempo, un par de limas o naranjas, un melocotón,
un par de duraznos, cada sendas peras verdiñales. Ansí pro-
curaba tenerlos propicios porque favoreciesen su negocio y
llamasen sus feligreses a tomar la bula.

Ofreciéndosele a él las gracias, informábase de la suficiencia
dellos. Si decían que entendían, no hablaba palabra en latín
por no dar tropezón; mas aprovechábase de un gentil y bien
cortado romance y desenvoltísima lengua. Y si sabía que los
dichos clérigos eran de los reverendos, digo que más con
dineros que con letras y con reverendas se ordenan, hacíase
entre ellos un Santo Tomás y hablaba dos horas en latín: a lo
menos, que lo parecía aunque no lo era.

Cuando por bien no le tomaban las bulas, buscaba cómo por
mal se las tomasen, y para aquello hacía molestias al pueblo e
otras veces con mañosos artificios. Y porque todos los que le
veía hacer sería largo de contar, diré uno muy sotil y donoso,
con el cual probaré bien su suficiencia.

En un lugar de la Sagra de Toledo había predicado dos o
tres días, haciendo sus acostumbradas diligencias, y no le
habían tomado bula, ni a mi ver tenían intención de se la
tomar. Estaba dado al diablo con aquello y, pensando qué
hacer, se acordó de convidar al pueblo, para otro día de
mañana despedir la bula.

5.10

5.20

5.30

Y esa noche, después de cenar, pusiéronse a jugar la colación él y el alguacil, y sobre el juego vinieron a reñir y a haber malas palabras. Él llamó al alguacil ladrón, y el otro a él falsario. Sobre esto, el señor comisario mi señor tomó un lanzón que en el portal do jugaban estaba. El alguacil puso mano a su espada, que en la cinta tenía. Al ruido y voces que todos dimos, acuden los huéspedes y vecinos y métense en medio, y ellos muy enojados procurándose desembarazar de los que en medio estaban, para se matar. Mas como la gente al gran ruido cargase y la casa estuviese llena della, viendo que no 5.40 podían afrentarse con las armas, decíanse palabras injuriosas, entre las cuales el alguacil dijo a mi amo que era falsario y las bulas que predicaba que eran falsas.

Finalmente, que los del pueblo, viendo que no bastaban a ponellos en paz, acordaron de llevar el alguacil de la posada a otra parte. Y así quedó mi amo muy enojado; y después que los huéspedes y vecinos le hubieron rogado que perdiese el enojo y se fuese a dormir, se fue. Y así nos echamos todos.

La mañana venida, mi amo se fue a la iglesia y mandó tañer a misa y al sermón para despedir la bula. Y el pueblo se juntó, 5.50 el cual andaba murmurando de las bulas, diciendo como eran falsas y que el mesmo alguacil riñendo lo había descubierto; de manera que tras que tenían mala gana de tomalla, con aquello del todo la aborrecieron.

El señor comisario se subió al púlpito y comienza su sermón, y a animar la gente a que no quedasen sin tanto bien e indulgencia como la santa bula traía. Estando en lo mejor del sermón, entra por la puerta de la iglesia el alguacil y, desque hizo oración, levantóse y con voz alta y pausada cuerdamente comenzó a decir: 5.60

'Buenos hombres, oídme una palabra, que después oiréis a quien quisiéredes. Yo vine aquí con este echacuervo que os predica, el cual me engañó y dijo que le favoreciese en este negocio y que partiríamos la ganancia. Y agora, visto el daño que haría a mi conciencia y a vuestras haciendas, arrepentido de lo hecho, os declaro claramente que las bulas que predica son falsas, y que no le creáis ni las toméis, y que yo *directe* ni

indirecte no soy parte en ellas, y que desde agora dejo la vara y
doy con ella en el suelo; y si en algún tiempo éste fuere cas-
5.70 tigado por la falsedad, que vosotros me seáis testigos como
yo no soy con él ni le doy a ello ayuda, antes os desengaño
y declaro su maldad.'

Y acabó su razonamiento. Algunos hombres honrados que
allí estaban se quisieron levantar y echar el alguacil fuera de
la iglesia, por evitar escándalo. Mas mi amo les fue a la mano
y mandó a todos que so pena de excomunión no le estorbasen,
mas que le dejasen decir todo lo que quisiese. Y ansí él también tuvo silencio mientras el alguacil dijo todo lo que he
dicho.

5.80 Como calló, mi amo le preguntó, si quería decir más, que
lo dijese. El alguacil dijo:

'Harto hay más que decir de vos y de vuestra falsedad, mas
por agora basta.'

El señor comisario se hincó de rodillas en el púlpito y,
puestas las manos y mirando al cielo, dijo ansí:

'Señor Dios, a quien ninguna cosa es escondida, antes todas
manifiestas, y a quien nada es imposible, antes todo posible,
tú sabes la verdad y cuán injustamente yo soy afrentado. En lo
que a mí toca, yo lo perdono porque tú, Señor, me perdones.
5.90 No mires a aquél que no sabe lo que hace ni dice; mas la
injuria a ti hecha, te suplico, y por justicia te pido, no disimules; porque alguno que está aquí, que por ventura pensó
tomar aquesta santa bula, dando crédito a las falsas palabras de
aquel hombre, lo dejará de hacer. Y pues es tanto perjuicio del
prójimo, te suplico yo, Señor, no lo disimules, mas luego
muestra aquí milagro, y sea desta manera: que si es verdad lo
que aquél dice y que yo traigo maldad y falsedad, este púlpito
se hunda comigo y meta siete estados debajo de tierra, do él
ni yo jamás parezcamos. Y si es verdad lo que yo digo y
5.100 aquél, persuadido del demonio, por quitar y privar a los que
están presentes de tan gran bien, dice maldad, también sea
castigado y de todos conocida su malicia.'

Apenas había acabado su oración el devoto señor mío,
cuando el negro alguacil cae de su estado y da tan gran golpe

en el suelo que la iglesia toda hizo resonar, y comenzó a
bramar y echar espumajos por la boca y torcella, y hacer visajes
con el gesto, dando de pie y de mano, revolviéndose por
aquel suelo a una parte y a otra. El estruendo y voces de la
gente era tan grande, que no se oían unos a otros. Algunos
estaban espantados y temerosos. Unos decían: 5.110
'El Señor le socorra y valga.'
Otros:
'Bien se le emplea, pues levantaba tan falso testimonio.'
Finalmente, algunos que allí estaban, y a mi parecer no sin
harto temor, se llegaron y le trabaron de los brazos, con los
cuales daba fuertes puñadas a los que cerca dél estaban. Otros
le tiraban por las piernas y tuvieron reciamente, porque no
había mula falsa en el mundo que tan recias coces tirase. Y
así le tuvieron un gran rato, porque más de quince hombres
estaban sobre él, y a todos daba las manos llenas, y si se   5.120
descuidaban, en los hocicos.
A todo esto, el señor mi amo estaba en el púlpito de rodillas,
las manos y los ojos puestos en el cielo, transportado en la
divina esencia, que el planto y ruido y voces que en la iglesia
había no eran parte para apartalle de su divina contemplación.
Aquellos buenos hombres llegaron a él, y dando voces le
despertaron y le suplicaron quisiese socorrer a aquel pobre que
estaba muriendo, y que no mirase a las cosas pasadas ni a sus
dichos malos, pues ya dellos tenía el pago; mas si en algo
podría aprovechar para librarle del peligro y pasión que pade- 5.130
cía, por amor de Dios lo hiciese, pues ellos veían clara la
culpa del culpado y la verdad y bondad suya, pues a su peti-
ción y venganza el Señor no alargó el castigo.
El señor comisario, como quien despierta de un dulce sueño,
los miró y miró al delincuente y a todos los que alderredor
estaban, y muy pausadamente les dijo:
'Buenos hombres, vosotros nunca habíades de rogar por un
hombre en quien Dios tan señaladamente se ha señalado; mas
pues él nos manda que no volvamos mal por mal y perdone-
mos las injurias, con confianza podremos suplicarle que cum- 5.140
pla lo que nos manda, y Su Majestad perdone a éste que le

ofendió poniendo en su santa fe obstáculo. Vamos todos a
suplicalle.'

Y así bajó del púlpito y encomendó a que muy devotamente suplicasen a Nuestro Señor tuviese por bien de perdonar
a aquel pecador, y volverle en su salud y sano juicio, y lanzar
dél el demonio, si Su Majestad había permitido que por su
gran pecado en él entrase. Todos se hincaron de rodillas, y
delante del altar con los clérigos comenzaban a cantar con
5.150 voz baja una letanía. Y viniendo él con la cruz y agua bendita,
después de haber sobre él cantado, el señor mi amo, puestas las
manos al cielo y los ojos que casi nada se le parecía sino un
poco de blanco, comienza una oración no menos larga que
devota, con la cual hizo llorar a toda la gente como suelen
hazer en los sermones de Pasión de predicador y auditorio
devoto, suplicando a Nuestro Señor, pues no quería la muerte
del pecador, sino su vida y arrepentimiento, que aquel encami-
nado por el demonio y persuadido de la muerte y pecado, le
quisiese perdonar y dar vida y salud, para que se arrepintiese
5.160 y confesase sus pecados.

Y esto hecho, mandó traer la bula y púsosela en la cabeza;
y luego el pecador del alguacil comenzó poco a poco a estar
mejor y tornar en sí. Y desque fue bien vuelto en su acuerdo,
echóse a los pies del señor comisario y demandóle perdón, y
confesó haber dicho aquello por la boca y mandamiento del
demonio, lo uno por hacer a él daño y vengarse del enojo, lo
otro y más principal, porque el demonio recibía mucha pena
del bien que allí se hiciera en tomar la bula. El señor mi amo
le perdonó, y fueron hechas las amistades entre ellos; y a tomar
5.170 la bula hubo tanta priesa, que casi ánima viviente en el lugar no
quedó sin ella: marido y mujer, e hijos e hijas, mozos y mozas.

Divulgóse la nueva de lo acaecido por los lugares comar-
canos, y cuando a ellos llegábamos, no era menester sermón
ni ir a la iglesia, que a la posada la venían a tomar como si
fueran peras que se dieran de balde. De manera que en diez o
doce lugares de aquellos alderredores donde fuimos, echó el
señor mi amo otras tantas mil bulas sin predicar sermón.

Cuando él hizo el ensayo, confieso mi pecado que también

fui dello espantado y creí que ansí, como otros muchos; mas
con ver después la risa y burla que mi amo y el alguacil 5.180
llevaban y hacían del negocio, conocí como había sido industriado por el industrioso e inventivo de mi amo. Y aunque
mochacho, cayóme mucho en gracia, y dije entre mí:

'¡Cuántas destas deben hacer estos burladores entre la inocente gente!'

Finalmente, estuve con este mi quinto amo cerca de cuatro
meses, en los cuales pasé también hartas fatigas.

TRATADO SEXTO

Cómo Lázaro se asentó con un capellán,
y lo que con él pasó

Después desto, asenté con un maestro de pintar panderos para molelle los colores, y también sufrí mil males.

Siendo ya en este tiempo buen mozuelo, entrando un día en la iglesia mayor, un capellán della me recibió por suyo, y púsome en poder un asno y cuatro cántaros y un azote, y comencé a echar agua por la cibdad. Éste fue el primer escalón que yo subí para venir a alcanzar buena vida, porque mi boca era medida. Daba cada día a mi amo treinta maravedís ganados, y los sábados ganaba para mí, y todo lo demás, entre semana, de treinta maravedís.

6.10

Fueme tan bien en el oficio que al cabo de cuatro años que lo usé, con poner en la ganancia buen recaudo, ahorré para me vestir muy honradamente de la ropa vieja, de la cual compré un jubón de fustán viejo y un sayo raído de manga tranzada y puerta, y una capa que había sido frisada, y una espada de las viejas primeras de Cuéllar.

Desque me vi en hábito de hombre de bien, dije a mi amo se tomase su asno, que no quería más seguir aquel oficio.

TRATADO SÉPTIMO

*Cómo Lázaro se asentó con un alguacil,
y de lo que le acaeció con él*

Despedido del capellán, asenté por hombre de justicia con
un alguacil, mas muy poco viví con él, por parecerme oficio
peligroso; mayormente, que una noche nos corrieron a mí y
a mi amo a pedradas y a palos unos retraídos, y a mi amo, que
esperó, trataron mal, mas a mí no me alcanzaron. Con esto
renegué del trato.

Y pensando en qué modo de vivir haría mi asiento por
tener descanso y ganar algo para la vejez, quiso Dios alumbrarme y ponerme en camino y manera provechosa; y con
favor que tuve de amigos y señores, todos mis trabajos y 7.10
fatigas hasta entonces pasados fueron pagados con alcanzar lo
que procuré, que fue un oficio real, viendo que no hay nadie
que medre sino los que le tienen; en el cual el día de hoy vivo
y resido a servicio de Dios y de vuestra merced.

Y es que tengo cargo de pregonar los vinos que en esta
ciudad se venden, y en almonedas y cosas perdidas, acompañar los que padecen persecuciones por justicia y declarar a
voces sus delitos: pregonero, hablando en buen romance.

Hame sucedido tan bien, yo le he usado tan fácilmente, que
casi todas las cosas al oficio tocantes pasan por mi mano: 7.20
tanto que en toda la ciudad el que ha de echar vino a vender
o algo, si Lázaro de Tormes no entiende en ello, hacen cuenta
de no sacar provecho.

En este tiempo, viendo mi habilidad y buen vivir, teniendo
noticia de mi persona el señor arcipreste de Sant Salvador, mi
señor, y servidor y amigo de vuestra merced, porque le prego-
naba sus vinos, procuró casarme con una criada suya; y visto
por mí que de tal persona no podía venir sino bien y favor,
acordé de lo hacer.

Y así me casé con ella, y hasta agora no estoy arrepentido; 7.30

53

porque, allende de ser buena hija y diligente, servicial, tengo
en mi señor acipreste todo favor y ayuda. Y siempre en el
año le da en veces al pie de una carga de trigo, por las pas-
cuas su carne, y cuando el par de los bodigos, las calzas viejas
que deja; e hízonos alquilar una casilla par de la suya. Los
domingos y fiestas casi todas las comíamos en su casa. Mas
malas lenguas, que nunca faltaron ni faltarán, no nos dejan
vivir, diciendo no sé qué, y sí sé qué, de que veen a mi mujer
irle a hacer la cama y guisalle de comer. Y mejor les ayude
7.40 Dios que ellos dicen la verdad; porque, allende de no ser
ella mujer que se pague destas burlas, mi señor me ha prome-
tido lo que pienso cumplirá. Que él me habló un día muy
largo delante della, y me dijo:

'Lázaro de Tormes, quien ha de mirar a dichos de malas
lenguas, nunca medrará. Digo esto porque no me maravillaría
alguno, viendo entrar en mi casa a tu mujer y salir della. . . .
Ella entra muy a tu honra y suya, y esto te lo prometo. Por
tanto, no mires a lo que pueden decir, sino a lo que te toca,
digo a tu provecho.'

7.50 'Señor — le dije — yo determiné de arrimarme a los buenos.
Verdad es que algunos de mis amigos me han dicho algo deso,
y aun, por más de tres veces me han certificado que, antes que
comigo casase, había parido tres veces, hablando con reverencia de V.M., porque está ella delante.'

Entonces mi mujer echó juramentos sobre sí, que yo pensé
la casa se hundiera con nosotros, y después tomóse a llorar
y a echar maldiciones sobre quien comigo la había casado,
en tal manera que quisiera ser muerto antes que se me hobiera
soltado aquella palabra de la boca. Mas yo de un cabo y mi
7.60 señor de otro, tanto le dijimos y otorgamos que cesó su
llanto, con juramento que le hice de nunca más en mi vida
mentalle nada de aquello, y que yo holgaba y había por bien
de que ella entrase y saliese, de noche y de día, pues estaba
bien seguro de su bondad. Y así quedamos todos tres bien
conformes. Hasta el día de hoy, nunca nadie nos oyó sobre el
caso; antes, cuando alguno siento que quiere decir algo della,
le atajo y le digo:

'Mirá: si sois amigo, no me digáis cosa con que me pese,
que no tengo por mi amigo al que me hace pesar; mayormente
si me quieren meter mal con mi mujer, que es la cosa del   7.70
mundo que yo más quiero, y la amo más que a mí. Y me hace
Dios con ella mil mercedes y más bien que yo merezco; que
yo juraré sobre la hostia consagrada que es tan buena mujer
como vive dentro de las puertas de Toledo. Quien otra cosa me
dijere, yo me mataré con él.'

Desta manera no me dicen nada, y yo tengo paz en mi casa.

Esto fue el mesmo año que nuestro victorioso Emperador
en esta insigne ciudad de Toledo entró y tuvo en ella cortes,
y se hicieron grandes regocijos, como vuestra merced habrá
oído. Pues en este tiempo estaba en mi prosperidad y en la   7.80
cumbre de toda buena fortuna.

APPENDIX

The Alcalá interpolations

(1)

1.280

. . . callabas], a lo cual yo no respondí. Yendo que íbamos ansí por debajo de unos soportales en Escalona, adonde a la sazón estábamos en casa de un zapatero, había muchas sogas y otras cosas que de esparto se hacen, y parte dellas dieron a mi amo en la cabeza; el cual, alzando la mano, tocó en ellas, y viendo lo que era díjome:

'Anda presto, mochacho; salgamos de entre tan mal manjar, que ahoga sin comerlo.'

Yo, que bien descuidado iba de aquello, miré lo que era, y como no vi sino sogas y cinchas, que no era cosa de comer, díjele:

'Tío, ¿por qué decís eso?'

Respondióme:

'Calla, sobrino; según las mañas que llevas, lo sabrás y verás como digo verdad.'

Y ansí pasamos adelante por el mismo portal y llegamos a un mesón, a la puerta del cual había muchos cuernos en la pared, donde ataban los recueros sus bestias. Y como iba tentando si era allí el mesón, adonde él rezaba cada día por la mesonera la oración de la emparedada, asió de un cuerno, y con un gran sospiro dijo:

'¡O mala cosa, peor que tienes la hechura! ¡De cuántos eres deseado poner tu nombre sobre cabeza ajena y de cuán pocos tenerte ni aun oír tu nombre, por ninguna vía!'

Como le oí lo que decía, dije:

'Tió, ¿qué es eso que decís?'

'Calla, sobrino, que algún día te dará éste, que en la mano tengo, alguna mala comida y cena.'

56

'No le comeré yo — dije — y no me la dará.'

'Yo te digo verdad; si no, verlo has, si vives.'

Y ansí pasamos adelante hasta la puerta del mesón, adonde pluguiere a Dios nunca allá llegáramos, según lo que me sucedía en él.

Era todo lo más que rezaba por mesoneras y por bodegoneras y turroneras y rameras y ansí por semejantes mujercillas, que por hombre casi nunca le vi decir oración. [Reíme entre mí . . .

(2)

5.182

. . . de mi amo.] Acaeciónos en otro lugar, el cual no quiero nombrar por su honra, lo siguiente; y fue que mi amo predicó dos o tres sermones y do a Dios la bula tomaban. Visto por el astuto de mi amo lo que pasaba y que, aunque decía se fiaban por un año, no aprovechaba y que estaban tan rebeldes en tomarla y que su trabajo era perdido, hizo tocar las campanas para despedirse. Y hecho su sermón y despedido desde el púlpito, ya que se quería abajar, llamó al escribano y a mí, que iba cargado con unas alforjas, e hízonos llegar al primer escalón, y tomó al alguacil las que en las manos llevaba y las que no tenía en las alforjas, púsolas junto a sus pies, y tornóse a poner en el púlpito con cara alegre y arrojar desde allí de diez en diez y de veinte en veinte de sus bulas hacia todas partes, diciendo:

'Hermanos míos, tomad, tomad de las gracias que Dios os envía hasta vuestras casas, y no os duela, pues es obra tan pía la redención de los captivos cristianos que están en tierra de moros. Porque no renieguen nuestra santa fe y vayan a las penas del infierno, siquiera ayudadles con vuestra limosna y con cinco paternostres y cinco avemarías, para que salgan de cautiverio. Y aun también aprovechan para los padres y hermanos y deudos que tenéis en el Purgatorio, como lo veréis en esta santa bula.'

Como el pueblo las vio ansí arrojar, como cosa que se daba

de balde y ser venida de la mano de Dios, tomaban a más tomar, aun para los niños de la cuna y para todos sus defuntos, contando desde los hijos hasta el menor criado que tenían, contándolos por los dedos. Vímonos en tanta priesa, que a mí aínas me acabaran de romper un pobre y viejo sayo que traía, de manera que certifico a V.M. que en poco más de una hora no quedó bula en las alforjas, y fue necesario ir a la posada por más.

Acabados de tomar todos, dijo mi amo desde el púlpito a su escribano y al del concejo que se levantasen y, para que se supiese quién eran los que habían de gozar de la santa indulgencia y perdones de la santa bula y para que él diese buena cuenta a quien le había enviado, se escribiesen. Y así luego todos de muy buena voluntad decían las que habían tomado, contando por orden los hijos y criados y defuntos. Hecho su inventario, pidió a los alcaldes que por caridad, porque él tenía que hacer en otra parte, mandasen al escribano le diese autoridad del inventario y memoria de las que allí quedaban, que, según decía el escribano, eran más de dos mil. Hecho esto, él se despedió con mucha paz y amor, y ansí nos partimos deste lugar; y aun, antes que nos partiésemos, fue preguntado él por el teniente cura del lugar y por los regidores si la bula aprovechaba para las criaturas que estaban en el vientre de sus madres, a lo cual él respondió que según las letras que él había estudiado que no, que lo fuesen a preguntar a los doctores más antiguos que él, y que esto era lo que sentía en este negocio.

E ansí nos partimos, yendo todos muy alegres del buen negocio. Decía mi amo al alguacil y escribano:

'¿Qué os parece, como a estos villanos, que con solo decir "Cristianos viejos somos", sin hacer obras de caridad, se piensan salvar sin poner nada de su hacienda? Pues, por vida del licenciado Pascasio Gómez, que a su costa se saquen más de diez cautivos.'

Y ansí nos fuimos hasta otro lugar de aquel cabo de Toledo, hacia la Mancha, que se dice, adonde topamos otros más obstinados en tomar bulas. Hechas mi amo y los demás que íbamos nuestras diligencias, en dos fiestas que allí estuvimos no se habían echado treinta bulas. Visto por mi amo la gran perdición y la mucha costa que traía, (y) el ardideza que el sotil de mi amo tuvo para hacer despender sus bulas, fue que este día dijo la misa mayor, y después de acabado el sermón y vuelto al altar, tomó una cruz que traía de poco más de un palmo, y en un brasero de lumbre que encima del altar había, el cual habían traído para calentarse las manos porque hacía gran frío, púsole detrás del misal sin que nadie mirase en ello, y allí sin decir nada puso la cruz encima la lumbre. Y, ya que hubo acabado la misa y echada la bendición, tomóla con un pañizuelo, bien envuelta la cruz en la mano derecha y en la otra la bula, y ansí se bajó hasta la postrera grada del altar, adonde hizo que besaba la cruz, e hizo señal que viniesen adorar la cruz.

Y ansí vinieron los alcaldes los primeros y los más ancianos del lugar, viniendo uno a uno como se usa. Y el primero que llegó, que era un alcalde viejo, aunque él le dio a besar la cruz bien delicadamente, se abrasó los rostros y se quitó presto afuera. Lo cual visto por mi amo, le dijo:

'¡Paso, quedo, señor alcalde! ¡Milagro!'

Y ansí hicieron otros siete o ocho, y a todos les decía:

'¡Paso, señores! ¡Milagro!'

Cuando él vido que los rostriquemados bastaban para testigos del milagro, no la quiso dar más a besar. Subióse al pie del altar y de allí decía cosas maravillosas, diciendo que por la poca caridad que había en ellos había Dios permitido aquel milagro y que aquella cruz había de ser llevada a la santa iglesia mayor de su Obispado; que por la poca caridad que en el pueblo había, la cruz ardía. Fue tanta la prisa que hubo en el tomar de la bula, que no bastaban dos escribanos ni los clérigos ni sacristanes a escribir. Creo de cierto que se tomaron más de tres mil bulas, como tengo dicho a V.M. Después, al partir, él fue con gran reverencia, como es razón, a tomar la santa cruz, diciendo que la había de hacer engastonar en oro, como era razón. Fue rogado mucho del concejo y clérigos del lugar les dejase allí aquella santa cruz por memoria del milagro allí acaecido. Él en ninguna manera lo quería hacer y al fin, rogado de tantos, se la dejó; con que le dieron otra cruz vieja que tenían antigua de plata, que podrá pesar dos o tres libras, según decían.

Y ansí nos partimos alegres con el buen trueque y con haber negociado bien. En todo no vio nadie lo susodicho sino yo, porque me subía par del altar para ver si había quedado algo en las ampollas, para ponello en cobro, como otras veces yo lo tenía de costumbre. Y como allí me vio, púsose el dedo en la boca haciéndome señal que callase. Yo ansí lo hice porque me cumplía, aunque, después que vi el milagro, no cabía en mí por echallo fuera, sino que el temor de mi astuto amo no me lo dejaba comunicar con nadie, ni nunca de mí salió, porque me tomó juramento que no descubriese el milagro. Y ansí lo hice hasta agora [; y aunque mochacho. . . .

(3)

5.187
. . . fatigas], aunque me daba bien de comer a costa de los curas y otros clérigos do iba a predicar.

(4)

7.18
. . . en buen romance], en el cual oficio un día que ahorcábamos un apañador en Toledo y llevaba una buena soga de esparto, conocí y caí en la cuenta de la sentencia que aquel mi ciego amo había dicho en Escalona, y me arrepentí del mal pago que le di por lo mucho que me enseñó, que, después de Dios, él me dio industria para llegar al estado que ahora estó. [Hame sucedido . . .

(5)

7.40
. . . dicen la verdad,] aunque en este tiempo siempre he tenido alguna sospechuela y habido algunas malas cenas por

esperalla algunas noches hasta las laudes y aún más, y se me
ha venido a la memoria lo que mi amo el ciego me dijo en
Escalona estando asido del cuerno; aunque de verdad siempre
pienso que el diablo me lo trae a la memoria por hacerme
malcasado, y no le aprovecha [porque, allende . . .

(6)

7.81

. . . fortuna], de lo que de aquí adelante me sucediere avisaré
a vuestra merced.

NOTES

PROLOGUE

1. *Yo por bien tengo*: 'I think it fitting.'

5. *Plinio*: Pliny the Younger, *Ep.* III, 5: 'Dicere etiam solebat (Plinius senior) nullum esse librum tam malum, ut non aliqua parte prodesset.'

8. *se pierde por*: 'longs for'.

9. *Y esto*: Al *y esto es*.

10. *para que*: sometimes this was used with the indicative: see Keniston, 28.52; here it introduces both an indicative (*debría*) and a subjunctive (*comunicase*).

debría = *debería*: see Menéndez Pidal, §123; *echar a mal*: 'throw away, reject'.

12. *della* = *de ella*.

17. *Tulio*: Cicero, *Tusculanae*, I, 2: 'Honos alit artes, omnesque incenduntur ad studia gloria.'

20. *mesmo* = *mismo*: Al, An *mismo*; sixteenth-century usage vacillated between both forms: see Corominas, III, 387.

21. *presentado*: a theology student who has finished his studies and is about to take the degree of Master.

24. *sayete de armas*: perhaps 'coat of mail'; *truhán*: strictly, 'fool, jester', but probably more loosely 'rogue' here.

25. *le loaba*: An *lo loaba*.
27. *desta* = *de esta*.
28. *estilo*: Al *stilo*.
29. *que hayan parte*: 'should share (it)': *haber* and *tener* were still interchangeable.
30. *hallaren*: Al *hallaran*.
32. *vuestra M.* = *vuestra merced*: *V.M.* in 34 means the same.
35. *parecióme*: 'I thought it best, I decided'.

tomalle = *tomarle*: assimilation of the final *r* of the infinitive to the *l* of an enclitic pronoun was common at this time and survived into the seventeenth century: see Menéndez Pidal, §108.
36. *porque*: here = *para que*, introducing an adverbial clause of purpose: see Keniston, 29.464.
40. Al adds: *Fin del prólogo*.

TRATADO PRIMERO

1.5. *proveer una molienda de*: in spite of the indefinite article, this seems to mean 'had charge of the operation of'.

1.11. *sangrías*: 'bloodlettings', i.e. thefts.

1.12. *y confesó*, etc.: John i, 20: 'Et confessus est, et non negavit.' Matt. v, 10: 'Beati, qui persecutionem patiuntur propter justitiam: quoniam ipsorum est regnum coelorum.' The same joke is made in *La Celestina*, Auto VII.

1.15. *armada*: 'expedition' here (for this particular *armada*, see Introduction, p. xiv); *armada . . . los cuales*: an anacoluthon.

1.16. *desastre*: 'misfortune'.

1.19. *como . . . se viese* = *como se vio*: for *como* + subjunctive in causal clauses, see Keniston, 29.712.

1.20. *arrimarse*, etc.: the more usual form of the proverb is: *Allégate a los buenos y serás uno de ellos* (Correas, p. 14).
dellos = *de ellos*.

1.21. *metióse*: An *metiase*.

1.23. *Comendador*: a nobleman who holds an *encomienda* (in which he enjoys rents and certain privileges). This particular *encomienda* was in the parish of La Magdalena.

1.24. *moreno*: a euphemism for *negro*. Zaide was a slave.

1.27. *en achaque de*: 'under the pretence of'.

1.29. *pesábame con él*: 'I was upset at the sight of him.'
gesto: 'countenance' here.

1.30. *de que*: 'as soon as'.

1.33. *conversación*: 'commerce, intercourse'.

1.36. *vía* = *veía*.

1.37. *dél* = *de él*.

1.38. *coco*: 'bogeyman'.

1.40. *mochacho = muchacho.*

1.43. *veen = ven.*

mesmos: Al, An *mismos*.

1.46. *la mitad por medio*: 'half'.

1.48. *hacía perdidas*: 'that he pretended were lost'.

1.50–54. *No nos maravillemos . . . animaba a esto*: Laz. cast. omits.

1.51. *ni fraile*: Al, An *ni de un fraile.*

1.58. *pringaron*: 'basted'. Slaves were flogged and the wounds basted with hot fat and scorched. See M. Herrero García, 'Comentarios a algunos textos de los siglos XVI y XVII', *Revista de Filología Española* XII (1925), pp. 30–42.

1.59. *sobre el acostumbrado centenario*: 'in addition to the usual hundred lashes'.

1.62. *Por no echar*, etc.: *Do va la soga, vaya el caldero* (Correas, p. 167.)

1.67. *iba a los huéspedes*: probably to be understood as: . . . *huéspedes, [que me mandaban] por* . . .

1.70. *que yo sería para*: 'that I would do to . . .'

adestralle: 'lead, guide him'.

1.73. *los Gelves*: see Introduction, p. xiv.

1.78. *Como estuvimos*: 'when we had been': for this temporal use of *como*, see Keniston, 28.56.

1.85. *así*: Al *ansí.*

1.91. *ansí = así*: An *así.*

1.92. *par de*: 'near'.

afirmó: 'clenched'.

1.93. *que = de modo que.*

1.94. *duró*: An *turó.*

1.97. *desperté*: An *disperté.*

1.99. *me cumple*: 'I had better'.

avisar: 'to sharpen one's wits'.

1.102. *jerigonza*: 'slang, cant'.

1.104. *Yo oro ni plata*, etc.: *Acts* iii, 6: 'Argentum et aurum non est mihi, quod autem habeo, hoc tibi do.'

1.106. *ansí*: An *así.*

1.114. *de coro*: 'by heart'.

1.118. *allende de*: 'in addition to'.

desto = de esto.

1.121. *qué = para que.*

1.122. *si traía*: Al, An *si traían.* Singular because each *preñada* in turn is the subject.

1.123. *que Galeno*: *que* not in An; Galen (b. A.D. 131) is here taken as the acme of Greek medicine.

1.124. *muela*: Al, An *muelas.*

finalmente: 'in fine'.

1.125. *pasión*: 'pain, ailment'.

1.126. *estotro* = *esto otro*.

cosed: Al *coged*. Al's reading is probably the correct one. Cases of *s* > *x* or *j* are common (Menéndez Pidal, §72.2, Corominas s.v. *gusano*) but *x* or *j* > *s* are extremely rare. There is *cogecha* > *cosecha*, however; and Berceo has *quessa* (= *quexa*) in rhyme with *abbadesa* and *promessa* (*Milagros*, 351b). *Coger* > *coser* seems unlikely, but since there is a bare possibility that it is not a misprint, *cosed* is retained in the text.

1.130. *cien*: Al *cient*.

1.131. *con*: 'in spite of', as in **1.136**.

1.133. *no*: redundant: for pleonastic *no*, see Keniston, 40.3.

1.134. *demediaba*: 'did not reach the halfway mark'; An *remediaba*. *sotileza* = *sutileza*.

1.136. *finara*: 'would have died'.

contaminaba: 'manchar, dañar secretamente, y sin que se eche de ver' (Covarrubias): i.e. Lázaro filched secretly from his master. There is no need for the emendation *contraminaba* which some modern editors prefer.

1.142–44. *y su llave . . . hacerle menos*: Al, An *y llave . . , de las cosas y sacallas* [An *sacarlas*] *. . , era con tanta vigilancia y tan por contadero, que no bustara todo el mundo hacerle* [Al *a h.*]. *. . .*

1.143. *tanto por contadero*: 'kept such strict account'; *contadero* is a narrow opening or passage for animals, so that they can be counted.

1.144. *hacerle menos*: 'deprive him of'.

1.150. *sacando no por tasa pan, mas buenos pedazos*: 'extracting bread, not sparingly but in good-sized pieces'.

1.151. *ansi*: An *así*.

rehacer la chaza: a term in the game of *pelota*: 'volver a jugar la pelota' (Covarrubias). The phrase *para rehacer . . . me faltaba* is obscure but may be interpreted thus: 'Not merely to go over old ground again (i.e. to play yet another trick), but to remedy the need the blind man made me suffer'.

1.154. *blancas*: two *blancas* = one *maravedí*; 34 *maravedís* = one *real*.

1.155. *no había . . . con ella*: i.e. *no había amagado con ella el que se la daba*: 'the giver had scarcely shown the coin'.

1.156. *yo la tenía lanzada . . . aparejada*: i.e. *yo la tenía lanzada . . . y* [*tenía*] *la media* [*blanca*] *aparejada*. *Lanzar* = 'to slip' here rather than 'throw'. See A. Rumeau in *Bulletin Hispanique* LXIV (1962), 228–35.

1.157. *que* = *porque*.

1.158. *aniquilar en la mitad*: 'reduce to half'.

1.159. *luego*: 'at once'.

1.161. *diablo*: Al *diablos*. *comigo* = *conmigo*.

1.162. *de antes* = *antes*.

1.163. *En ti debe estar*: 'You must be the cause of.'

1.169. *cabe*: 'near, beside'.

1.170. *y*: not in Al, An.

1.171. *turóme* = *duróme*.

en: Al *de*.

1.173. *antes*: 'rather'.

1.176. *dejaba a buenas noches:* 'I left it empty', 'it was goodbye to the wine'.

1.178. *dende en adelante*: 'thenceforward'.

1.179. *ansí*: An *así*.

1.180. *hecho a*: 'used to'.

1.183. *sotil* = *sutil*: An *sutil*; *sotil* was still the usual form: see Corominas, IV, 316.

muy delgada: *muy* not in Al.

1.184. *fingendo* = *fingiendo*: An *fingiendo*.

1.186. *luego*: not in Al.

1.187. *destillarme* = *destilarme*: Al, An *destilarme*; 'to trickle'.

1.189. *pobreto*: this diminutive of *pobre* was common in the Golden Age.

1.190. *maldecíase*: Al *maldicíase*.

1.192. *tío*: a common rustic form of address to an older man.

1.201. *desesperado*: 'damned, accursed'.

agora = *ahora*.

1.204. *ayudándose*: Al *ayudándole*.

1.205-8. *el pobre Lázaro . . . me pareció . . . me había caído encima*: an anacoluthon: *al pobre . . . le . . . le* would be clearer.

1.205. *se guardaba*: 'suspected, feared'.

1.218. *negra*: 'accursed'.

trepa: 'beating'.

1.219. *ahorraría de*: 'would be rid of'.

1.221. *Y*: not in An.

asentar: 'calm, soothe'.

1.223. *dende*: Al, An *desde*.

1.224. *coxcorrones* = *coscorrones*.

227. *pensaréis*: An *pensáis*.

229. *Mirá* = *mirad*: cf. *saltá*, 1.408; *andá*, 3.507, etc.

1.230. *muchacho*: Al, An *mochacho*.

1.231. *castigaldo* = *castigadlo*: this metathesis was common until the seventeenth century.

1.233. *en esto*: 'whereupon'.

1.234. *le hacer* = *hacerle*. See Keniston, 10 ff., for the position of enclitic pronouns in compound tenses. Usage in the sixteenth century was flexible.

1.235. *alto*: 'deep'.

1.237. *quebrar un ojo*: 'to spite' (although this does not translate the play on words).

1.238. *el cabo alto del tiento*: 'the end of his stick'.

    atentaba = tentaba.

1.244. *deste = de este.*

1.252. *hacíamos Sant Juan*: 'we moved on'; cf. *Día de San Juan, tres costumbres: mudar casa, amo o mozo* (Correas, p. 560).

1.253. *Almorox*: in the province of Toledo, about 38 miles from Toledo.

1.257. *para echarlo . . . mosto*: 'if it were put into the sack it would turn to must'. For this construction, see Keniston, 37.775.

1.258. *y lo que a él se llegaba*: 'and everything it touched'.

    acordó de: 'decided'; *acordó de hacer*: Al *acordó hacerme.*

1.259. *ansí*: An *así.*

1.264. *partillo hemos = lo partiremos*: this 'split future' was already becoming archaic by 1554; see Keniston, 32.64. The form survived, however, into the seventeenth century: see Menéndez Pidal, §123.3.

1.266. *mesmo*: Al, An *mismo.*

1.268. *ansí*: An *así.*

1.271. *postura*: 'agreement'.

1.277. *eso*: Al *esto.*

1.280. *callabas*: here Al adds the first interpolation (see Appendix).

1.281. *entre mí*: Al adds *de los dichos.*

1.282. *consideración*: Al adds *y palabras.*

1.284. *con este mi primer amo*: Al *con este ciego mi p.a.*

1.285. *el despidiente*: the final incident, which led to Lázaro's *despedida.*

1.286. *Escalona*: a town about 30 miles N.W. of Toledo.

1.287. *asase*. *Ya*: Al *asase y ya.*

    ya que: 'when'.

1.288. *comídose*: i.e. 'se [había] comido'.

1.289. *fuese por él de vino*: 'go and yet its worth of wine'.

1.290. *vino a la taberna*. *Púsome*: Al *vino y púsome.*

    aparejo: 'occasion' here.

1.293. *por no ser para*:' since it was no good for . . .': cf. 1.70.

1.293–94. *como . . . estuviese*: cf. 1.19.

1.296. *solamente sabía que había de gozar*: 'the smell being, as I knew, all I was to enjoy'.

1.306. *como tomase*: 'when he took': for *como* + subjunctive in clauses of time, see Keniston, 29.81.

1.311. *Lacerado*: Lázaro puns on his name. See Introduction, p. xviii.

1.313. *esto*: Al *eso.*

1.318. *escondía*: An *ascondía.*

1.322. *abríame*: An *abrióme*.

1.323. *afilada*: Al *afinada*.
a: not in Al, An.

1.324. *se había*: Al *se le había*.

1.325. *gulilla* = *golilla*: 'throat'.
y con esto: *y* not in Al, An.

1.330. *manifestase*: Al *manifiestase*.

1.333. *malmaxcada* = *mal mascada*.

1.339. *rascuñado*: 'scratched'.

1.340. *y esto bien lo merecía*: i.e. his throat deserved its punishment for leading Lázaro into trouble.

1.346. *recontaba*: Al, An *contaba*.

1.348. *sinjusticia* = *injusticia*.

1.350. *por que*: 'for which'.

1.351. *meitad* = *mitad*: Al, An *mitad*; *meitad* was an archaism.

1.353. *con ser de*: 'in spite of belonging to'.

1.356. *así que así*: 'so-so'; Lázaro means that it would not have been a bad idea to bite off his master's nose.

1.359. *discantaba . . . donaires*: 'kept up a witty commentary'.

1.362. *en más cargo*: 'more indebted'.

1.363. *mil*: Al *mil veces* (which B implies).

1.365. *harpado*: 'scratched, torn'.

1.366. *si un hombre*: Al, An *si hombre*.

1.371. *spíritu* = *espíritu*: An *espíritu*.
profecía: Al *gran profecía*.

1.372. *bien*: Al *muy bien*.

1.376. *dejalle*: Al *dejalle*.

1.377. *en*: Al *tanto en*.

1.378. *ansí*: An *así*.

1.380. *y andaba*: *y* is redundant and may be an error, though it is present in all three editions.

1.382. *venía*: Al *vinía*.

1.385. *más recia*: 'the harder the rain comes down'; Al *arrecia*.
acojámonos: Al *vamos*.

1.389. *travesemos* = *atravesemos*: Al *atrevesemos*.
aína: 'quickly'.

1.393. *se ansangosta* = *se angosta*.

1.395. *aparejo*: 'situation' here.
debajo de: An *debajo*.

1.396. *derecho de*: 'right in front of'.

1.398. *dígole*: Al, An *díjele*.

1.401. *encima de*: An *encima*.

1.410. *abalanza*: Al *abalanzaba*.

1.412. *tomando un paso atrás de la corrida*: 'stepping back for a running start'.

1.416. *olistes* = *olisteis*.

Olé: either a cheer given by Lázaro or an apocopated form of *oled* (to rub in the joke '¿y olistes la longaniza . . . ?'). There is no way of deciding between the two meanings; either is acceptable. *Olé, olé*: An *Olé*.

1.418. *dejéle . . . tomé*: Al, An *déjole . . . tomo*.

1.419. *tomé . . . en los pies*: 'I reached the town gate.'

de un trote: 'without stopping, in one spurt'.

1.420. *Torrijos*: a town about 23 miles N.W. of Toledo.

TRATADO SEGUNDO

2.2. *Maqueda*: a town a few miles from Escalona. Escalona and Torrijos are on the road approaching Toledo from the N.W. Maqueda is a few miles *back* from Torrijos, towards Escalona.

2.3. *llegando*: i.e. *llegando yo*.

2.7. *Escapé*: Al *y escapé*; *escapé del trueno*, etc.: 'I jumped out of the frying-pan into the fire.'

2.8. *con*: 'in spite of'.

2.9. *mesma*: Al, An *misma*.

2.10–12. *No sé . . . clerecía*: omitted in *Laz. cast.*

2.13. *arcaz*: a large *arca*.

viejo y cerrado: *y* not in Al.

2.14. *un agujeta*: Al *una a*.

paletoque: a kind of cape.

bodigo: 'pan regalado, y en forma pequeña: destos suelen llevar las mujeres por ofrenda' (Covarrubias). It might be translated as 'bread offering', but *not* as 'holy bread'.

2.15. *lanzado*: see note to 1.156.

2.18. *humero*: Al *humo*.

2.20. *que aunque*: *que* not in Al.

2.25. *falsopecto*: an inner breast-pocket.

2.27. *hagáis*: perhaps an error for *hagas* but not necessarily, since this mingling of *tú* and *vosotros* is not uncommon: cf. *Don Quijote* II, vii: 'Mira, Sancho: yo bien te señalaría salario . . . Si con estas esperanzas y aditamentos vos, Sancho, gustáis de volver a servirme . . .' The effect is of sudden weight and solemnity.

2.28. *conservas de Valencia*: Valencia had long been famous for sweetmeats.

con no haber: 'although there wasn't . . .'

2.30. *tenía . . . por cuenta*: 'had counted'.

2.31. *me desmandara*: 'exceeded'.

2.34. *ordinario*: 'daily budget'.

2.35. *tan blanco el ojo*: 'not a scrap' (i.e. Lázaro's plate was as clean as the white of his eye).

2.36. *me demediara*: 'met half my needs'.

2.37. *cabezas de carnero*: after the victory of Las Navas de Tolosa (1212), a vow was taken to abstain from meat on Saturdays. In the course of time, various items (such as the heads and offal of birds and animals) came to be allowed.

2.44. *paso*: 'quietly'; not in Al.

2.48. *aparejo*: 'occasion'.

    por no tener en qué dalle salto: 'since there was nothing for me to rob'; *salto = asalto* here.

2.49. *podía*: Al, An *pudiera*.

2.51. *con faltalle*: 'since he lacked'.

2.54. *concha*: 'collecting-box'.

2.56. *caxco = casco*.

2.58. *concheta*: B *corneta*, Al *concha*.

2.59. *vevi = vivi*: a survival of Old Spanish *vevir* and an archaism in the sixteenth century: see Menéndez Pidal, §105.2.

2.60. *traje*: Al *truje*.

2.62. *turaba*: Al, An *duraba*.

2.66. *cofradías*: Al *confadrías*, An *confradías*.

2.67. *que = en que*.

2.68. *saludador*: quacks used spittle for healing and hence would acquire a great thirst.

2.71. *el suyo*: 'the one for that day'. Cf. *Don Quijote* I, xl: 'Cada día ahorcaba el suyo, empalaba a éste, desorejaba aquél.'

2.75. *no que la echase . . . fuese*: 'not that he should favour it (Lázaro's prayer) or not, as he pleased'; *la echase*: Al, An *le echase*.

2.76. *de aqueste mundo*: Al, An *deste mundo*.

2.81. *sería*: An *serían*.

2.83. *muerte*: Al *hambre*.

2.86. *por quedar bien vezado a*: 'being used to'.

2.94. *temer*: Al *temor*.

2.97. *estotro = este otro*.

2.100. *tenía por fe*: 'I firmly believed'.

2.101. *a abajar*: 'if I descended'.

2.103. *aflición = aflicción*.

    plega: 'may it please'.

2.109. *teniades . . . hariades . . . remediásedes = teníais . . haríais . . . remediáseis*. The *-des* forms survived into the seventeenth century: see Menéndez Pidal, §107.

2.111. *Spíritu*: An *espíritu*; *por el Espíritu Santo* becomes in *Laz. cast. no sé por quien*.

2.113. *arte*: 'kind'; Al *arcaz*. Lázaro would have pointed to the chest to make his meaning clear.

2.114. *alguna*: B, An *algunas*.

2.115. *que le haga*: 'that will do for it'.

2.118. *cuando no me cato*: 'when I was least expecting it'.

en figura de: 'in the form of'.

2.126. *allegar*: Al, An *llegar*.

2.127. *miró*: an indicative after *querer* is rare.

2.129. *en saliendo*: the priest is the subject.

paraíso panal: 'breadly paradise'—a joke on *panal/terrenal*.

en dos credos: in the time it takes to say the creed twice, 'in a moment'.

2.136. *terciana*: 'tertian fever'—his malady recurs on the third day.

a deshora: 'suddenly, unexpectedly'.

2.138. *contando y tornando a contar*: Al *y contando*.

2.140. *Sant Juan*: the patron saint of servants.

2.143. *recado = recaudo*.

2.152. *recebillo = recibirlo*: the word is used of taking Communion.

2.155. *del partido partí . . . estaba*: an obscure phrase: 'from the cut portion (*del partido*) I cut a piece where it had been cut already (*estaba* [*partido*])'. *Al pelo* offers difficulties: its usual sense—'following the lie of the hair, with the grain'—does not seem applicable: perhaps it implies 'following the direction of the previous cut'; *al pelo*: Al *al pelo y aire*.

2.156. *y con aquél*: Al *y con aquello*.

2.158. *como . . . creciese*: cf. **1.19**.

2.162. *ansí*: An *así*.

mesmo: Al, An *mismo*.

2.163. *trujo = trajo*.

2.169. *conveniente*: Al *conviniente*.

2.173. *en cada cual de tres o cuatro*: 'from each one of three or four of them'.

2.174. *gragea*: 'dragées'.

2.175. *como viniese*: 'when he came'; cf. **1.306**.

2.176. *dubda = duda*: Al, An *duda*; Al and An reject the more archaic form.

2.177. *propio*: Al, An *proprio*.

2.179. *do = donde*.

2.183. *no dejan cosa a vida*: 'leave nothing alone'.

2.187. *rayó = ralló*.

con un: Al *con el*.

2.193. *de las paredes*: Al, An *de paredes*.

2.198. *turan*: Al *duran*.

2.200. *cuanto que*: perhaps 'somewhat'.

2.204. *agora*: before *agora* understand *a que* or *para que*; the subject of *cierrase* is *amo*.

cierrase = cerrase: Al, An *cerrase*. B's diphthong is possibly not a misprint. In derivatives and in verbal paradigms, this analogical contamination of unaccented stem-vowels by the diphthong of the accented stems is found at all periods and still flourishes in dialect: cf. *cierrar* in modern Asturian (see Corominas, I, 780a; Menéndez Pidal, §112 bis. 3). Cf. **1**.330, where Al's *manifiestase* may be another example of the same phenomenon.

2.207. *sus obras*: Al *su obra*.

2.208. *donos*: a plural (perhaps ironic) of *don*.

2.212. *moxquito* = *mosquito*.

    desaprovechada: 'useless'.

2.216. *esgremidor* = *esgrimidor*.

2.218. *ternía* = *tendría*.

2.224. *sentí*: An *sintí*.

2.226. *en el día*: not in Al.

2.235. *deyuso*: literally 'below', but here meaning 'above, earlier'.

2.238. *ansí*: An *así*.

2.239. *los cuidados*, etc.: see Introduction, pp. xiv–xv.

2.241. *a los diablos*: Al, An *al diablo*.

2.245. *dubda*: Al, An *duda*.

2.246. *privilegiada*: 'exempt from'; An *previlegiada*.

2.249. *a atapárselos* = *a tapárselos*: Al *y atapárselos*.

2.250. *era yo*: Al, An *yo era*.

    aparejo: 'tackle, implement' here.

2.251. *priesa* = *prisa*: Al *prisa*.

2.253. *parecíamos tener a destajo*, etc.: 'we worked as furiously as piece-workers engaged on . . .'. Penelope, the wife of Ulysses, undid by night the cloth she wove by day.

2.255. *ca*: 'because'; Al, An *y*.

2.256. *despensa*: An *dispensa*.

    propiamente: An *propriamente*.

2.257. *no*: redundant.

    sobre sí: i.e. [*que*] *sobre sí*.

2.258. *hace poca*: Al *vale poco*; *poca*: i.e. *poca guarda*.

2.263. *hará falta faltando*: 'we shall miss it if we do away with it', or perhaps: 'some protection will still be needed if we do away with it'.

2.265. *armaré*: 'I shall set a trap'.

2.268. *contino*: 'continuously'.

    gato: 'mousetrap'.

2.269. *puesto caso que*: 'although'.

2.272. *sin esto*: 'apart from this'.

2.274. *preguntaba*: Al *y preguntaba*.

2.275. *qué podría ser comer*: 'what it could be that would eat'.

2.278. *no fuera menos*: 'could not help but . . .'

2.279. *vecino*: Al *vecino. Señor dómine.*

2.281. *dubda*: An *duda*.
　　　 lleva razón: 'it stands to reason that . . .'
2.284. *Cuadró*: 'satisfied, convinced'.
2.292. *se iba*: *culebra* is the subject.
2.293. *y*: not in B.
2.296. *hacerles*: Al *hacerlas*.
2.303. *elevado*: Al *alterado*.
2.304. *culebro*: Al, An *el culebro*.
2.305. *mientra* = *mientras*.
2.309. *no me topase con*: *me* is an ethical dative which it is best to omit when translating. For this construction in the sixteenth century, see Keniston, 8.26.
2.310. *debajo de*: *de* not in Al.
2.314. *estorbasen*: Al, An *estorbase*.
2.315. *que . . . no cayese con ella*: 'but that the accursed blind man found it'.
2.317. *ansí*: An *así*.
2.319. *por demás*: 'superfluous'.
2.334. *descargó*: An *descarga*.
2.335. *un*: not in Al, An.
2.336-37. *dejó. Como*: Al *dejó y como*.
2.338. *sentimiento*: 'complaints, groans'.
2.339. *recordarme*: 'bring me round'.
2.340. *como*: 'when'.
2.342. *priesa*: Al *prisa*.
2.348. *guardas*: the wards of the key.
2.349. *maleficio*: 'injury, wrong', here.
2.353. *los tuve en el vientre de la ballena*: 'I was as if dead, like Jonah in the belly of the whale.' A reference to Matthew xii, 40.
2.353-55. *mas de cómo . . por extenso*: the construction is: 'mas [daré fe] de cómo, después que en mí torné, esto que he contado [lo] oí decir a mi amo, el cual . . .'
2.364. *ensalmaba*: '*Ensalmo*, cierto modo de curar con oraciones, unas veces solas, otras aplicando juntamente algunos remedios' (Covarrubias).
2.365. *a quitar*: *a* not in An.
2.372. *remediar*: Al, An *demediar*.
2.373. *ansí*: An *así*.
　　　 quince: B *XV*.
2.375. *otro día que fui levantado*: 'the day after I got up'.
2.381. *santiguándose*: Al *santiguádose*.
2.382. *tórnase*: Al *se tornó*, An *se torna*.

TRATADO TERCERO

(Title) *escudero*: 'el hidalgo que lleva el escudo al caballero . . . En la paz, los escuderos sirven a los señores, de acompañar delante sus personas, asistir en la antecámara, o sala: otros se están en sus casas, y llevan acostamiento de los señores, acudiendo a sus obligaciones a tiempos ciertos. Hoy día más se sirven dellos las señoras, y los que tienen alguna pasada huelgan más de estar en sus casas que de servir, por lo poco que medran, y lo mucho que les ocupan' (Covarrubias).

(Title) *le*: not in Al.

3.4. *dende a quince días*: 'a fortnight later'.

3.7. *gallofero*: 'loafer': from *gallofa*, food given as alms to the poor (originally to pilgrims) by monasteries. See Corominas, II, 643–44.
amo: Al *buen amo*.

3.10. *de nuevo . . . criase*: see Introduction, p. xxxvii, *n*.

3.14. *compás*: 'measured gait'.

3.25. *Pasábamos*: An *Pasamos*.

3.28. *propria* = *propia*.

3.29. *no lo*: An *no le*.

3.30. *vee* = *ve*.

3.31. *cabo*: 'part, quarter' here.

3.32. *dio*: the implied subject is *reloj*.

3.35. *ida*: i.e. [*fue*] *ida*: the formation of compound tenses with *ser* was already archaic by 1554: see Keniston, 33.82.

3.36. *A buen*: An *y a buen*.

3.39. *en junto*: 'in bulk, wholesale'.

3.40. *a punto*: 'ready'.

3.47. *parece*: Al, An *parecía*.

3.49. *Desque*: 'as soon as'; Al *De que*.
fuimos entrados: cf. **3.35.**

3.52. *cabo*: 'beside'.
della: Al *ella*.

3.55. *conveniente*: Al *conviniente*.

3.59. *para en cámara*: 'for a drawing room, for polite company'.

3.60. *ansí*: An *así*.

3.64. *yo*: not in An.

3.65. *silleta, ni tajo*: *ni* not in Al; *tajo*: 'chopping block', for meat: a poignant detail.

3.66. *de marras*: 'of former days'.

3.72. *ansí*: An *así*.

3.73. *ansí*: Al, An *así*.

3.74. *estuve en poco de*: 'I almost . . .'

3.75. *caer de mi estado*: 'swoon': 'el que turbada la cabeza cae en tierra amortecido' (Covarrubias).

3.82. *pude*: Al, An add *le dije*.

3.84. *Deso = de eso*.

3.85. *ansi*: Al, An *asi*.

fasta = hasta: Al, An *hasta*.

3.94. *los de por Dios*: 'those I had begged' (*pedir por Dios*: 'to beg').

3.104. *dello = de ello*.

3.109. *de que pie coxqueaba*: 'what his weakness was'; *coxquear = cojear*.

priesa: Al *prisa*.

3.110. *se comediría*: he would be ready to'.

3.112. *Y mi amo*: not in Al, An.

unas pocas de migajas: 'a few crumbs'; this construction was a common one in the sixteenth century: see Keniston, 13.1.

3.120. *Ansí*: An *Así*.

3.124. *párate*: 'stand'; Al *pásate*.

3.126. *hecimos = hicimos*.

3.128. *la ropa*: Al *una ropa*; *ropa* appears to be used as a synonym of *colchón*.

3.129. *parecía*: Al *se parecía*.

3.131. *haciendo cuenta de*: 'applying ourselves to . . .'; Al *haciendo fuerza por*.

3.132. *de lo duro*: Al *do falta lana*.

3.133. *enjalma*: 'mattress'.

3.135. *a lo proprio*: 'exactly'; *proprio*: Al *propio*.

entrecuesto: 'spine'.

3.136. *alfamar*: 'blanket, coverlet'.

mesmo: Al, An *mismo*.

3.137. *alcanzar*: 'guess, make out' here.

3.141. *capean*: 'steal capes', i.e. from those out after dark.

venido: Al *veniendo*.

3.144. *hacerlo hemos = lo haremos*; cf. **1**.264.

3.146. *que sé*: Al, *que bien sé*.

3.148. *y más*: not in An.

3.153. *tenella*: An *a tenella*.

3.166. *y sayo*: *y* not in Al, An.

que: redundant.

servía de pelillo: 'hacer servicios de poca importancia' (Covarrubias).

3.167. *vístese*: Al, An *vísteseme*.

3.168. *puso*: Al, An *púsose*.

3.171. *que = el cual*.

diese = daría.

ansí: An *así*.

3.172. *Antonio*: a famous swordsmith of the fifteenth century.

no: redundant.

3.173. *tan prestos*: 'so keen'—i.e. ready for action.

3.183. *so*: 'under'.

3.188. *cierra la puerta con llave*: *para que* understood.

3.189. *al quicio*: in the crack between the door and the jamb: see Corominas, III, 949.

3.192. *al conde de Arcos*: Al *del conde Alarcos*. The title of Conde de Arcos had ceased to exist in 1493, when the holder was made Duke. Morel-Fatio thought *Conde de Arcos* an error for *Conde Claros*, whose rich garb is described in the *romance Media noche era por filo*. Lázaro echoes the lines:

> Levantáos, mi camarero,
> Dadme vestir y calzar.

(See Morel-Fatio, *Études . . .*, pp. 118–21.)

3.197. *haber*: 'that he has'.

3.198. *muy*: not in Al, An.

3.202. *sin comer*: not in Al, An.

3.203. *una noche*: Al, An *noche*.

3.206. *halda = falda*.

3.209. *sufrirían*: B *sufrirán*, almost certainly an error.

3.210. *Ansí*: An *Así*.

3.211. *y otras muchas*: not in Al, An.

3.212. *y como lo vi trasponer*: not in Al, An; *trasponer*: 'cross' here.

3.214. *sin hacer represa ni hallar en qué*: 'without laying my hands on anything or finding anything to lay hands on'.

   negra: Al *negra y*.

3.215. *doy comigo en*: 'I took myself off to'.

3.216. *en gran recuesta con*: 'earnestly courting'.

3.218. *del verano*: Al *de verano*.

3.219. *sin llevar qué*: 'without taking the wherewithal with them'.

3.222. *Macías*: the fourteenth-fifteenth century Galician love poet, here meant as the very personification of love.

3.223. *como*: 'when'.

3.224. *no se les hizo de vergüenza*: 'they were not backward in . . .'

3.226. *estaba*: not in Al, An.

3.227. *calofrío = escalofrío*.

   la color: usually feminine at this time when applied to the complexion.

3.229. *instituídas*: 'trained, instructed'.

3.232. *los cuales*: An *las cuales*.

3.234. *era bien*: Al, An *bien era*.

3.236. *hasta que el día demediase*: 'until midday'.

3.241. *puesto Dios ante mis ojos y la lengua en su nombre*: a difficult phrase; the first part may perhaps be explained by the proverb: *Dios delante, el mar es llano* (Correas, p. 158). The whole phrase could be rendered: 'trusting in God and with his name on my tongue'.

3.243. *hobiese = hubiese*: Al, An *hubiese*.

3.245. *suficiente*: 'able'.

3.248. *ensiladas*: 'stored, tucked away'.

3.251. *otras pocas de tripas*: 'some tripe'; see **3.112.**

3.254. *entro*: Al, An *entré*.

3.255. *dó = de dónde*.

3.258. *esa*: Al *esta*.

3.261. *a lo cual*: B's *a la cual* is almost certainly an error, since it could refer only to *halda*.

3.264. *hurtallo, ansí*: An *hurtalle, así*.

3.266. *toca a*: *a* not in Al.

3.268. *Nunca a él yo hubiera de venir*: 'would I had never come to it'

3.269. *que maldito . . . cuenta*: 'no-one has the slightest care (*maldito* [*cuidado*]) to ask me about that'.

3.273-74. *de mal suelo, de mal pie*: 'unlucky, ill-omened'.

3.275. *dubda*: Al, An *duda*.

3.280. *miraba al*: Al *miraba el*.

3.286. *aquel*: Al *que aquel*, An *de quel*: B's *aquel* may be an error for *quel* (= *que el*) which is stylistically more satisfactory, as An's emendation shows.

3.287. *ayudase a su trabajo del mío*: a pun on *trabajo*: 'should relieve his suffering with what I had earned by my work'.

3.288. *aparejo*: 'preparations'.

3.291. *y él se*: *y* not in An.

3.294. *te lo verá*: Al *te lo vea*, An *te lo vee*.

3.306. *ansí*: An *así*.

3.308. *Póngole en las uñas la otra*: 'I put the cowheel into his clutches.'

3.309. *y asentóseme*: *y* not in An.

3.312. *almodrote*: 'cierta salsa que se hace con aceite, ajos, queso y otras cosas' (Covarrubias).

3.314. *como si hoy no hobiera comido*: Al, An *como si no hubiere* [An *hubiera*] *hoy comido*.

3.316. *Ansí*: An *Así*. *Ansí . . . como es ello*: 'May I enjoy happy years as surely as that is true.'

3.319. *pues no le faltaba el agua*: 'since the water did not fall short [of his expectations]' (i.e. by not being cooled, or something of the sort).

no le había sobrado la comida: 'he had not overeaten'.

3.324. *papar aire*: 'stroll aimlessly'.

3.325. *cabeza de lobo*: 'Es la cabeza del lobo. Dícese cuando uno para sí, o hace algo de su provecho poniendo a otro por achaque, u otra cosa por causa, a lo cual llaman *cabeza de lobo*' (Correas,

p. 208)—from the custom of taking a wolf's head round the neighbourhood to receive a reward for killing it. Here translate as 'cat's paw'.

3.331. *con que él lo pasase*: 'something to help him get along'.

3.333. *a hacer*: Al *hacer*; *hacer sus menesteres*: 'relieve nature'.

3.335. *hecho*: Al, An *hecha*.

3.336. *hobiese*: An *hubiese*.

3.337. *mucho tiempo*: i.e. [*desde hacía*] *mucho tiempo*.

3.340. *con dárselo Dios*: 'though God gave to both'.

    de mano besada: 'with hand-kissing' (i.e. his parishioners kissed his hands as they gave their gifts).

3.341. *de lengua suelta*: 'by means of his ready tongue'.

3.342. *aquéste*: Al, An *aquéste es*.

    haber mancilla: 'to have pity on'.

3.351. *cornado de trueco*: a *cornado* was worth less than half a *maravedí*; *de trueco*: 'for change'. The sense is: 'he didn't have two ha'pence to rub together'.

3.355. *vivienda*: 'style of life' here.

3.356. *estéril*: Al *stéril*.

    pan: 'wheat' here.

3.359. *punido*: 'punished'.

    desde a cuatro días: 'four days after'.

3.362. *desmandarme a demandar*: 'be so rash as to beg':

3.364. *moradores*: Al, An *moradores della*.

3.365. *hablaba*: Al, An *hablar*: B implies that it was the squire who did not speak for days; Al and An make the happier sense, but this does not warrant changing the text in this instance.

3.367. *par de*: 'next door to . . .'

3.368. *de la lacería que les traían*: 'of the pittance they earned'; *les traían*: Al *ellas tenían*.

3.369. *muy pasado me pasaba*: the sense of *pasado* is obscure; perhaps 'pierced' (with hunger): 'though tormented with hunger I managed to get along'.

3.372. *lo estuvimos*: Al, An *los estuvimos*: *lo* refers to all eight days together.

3.375. *toca*: Al, An *tocaba*.

3.377. *dientes*: not in Al, An.

3.379. *vivienda*: 'house' here.

3.381. *deseo que*: *que* not in Al, An.

3.385. *él*: not in An.

3.389. *merca*: 'buy'.

    quebremos un ojo al diablo: cf. **1**.237.

3.391. *desastrada*: 'ill-omened'.

    más de en cumpliendo el mes: 'longer than to see the month out'.

3.395. *no*: redundant.

3.398. *priesa*: Al *prisa*.

3.402. *ansi*: An *asi*.

3.403. *que = para que*.

3.405. *había hecho con dinero*: 'had brought into money'

3.408. *venían*: Al, An *venía*.

a par . . . mujer . . . difunto: Al, An *par . . . su mujer . . . defunto*.

3.410. *llorando*, etc.: such public lamentations for the dead were common.

3.414. *juntóseme el cielo con la tierra*: 'I thought the heavens were falling.'

3.418. *priesa*: Al *prisa*.

3.420. *venga*: Al *venga a*.

3.433. *la aldaba*: Al, An *el a*.

3.434. *y puesto*: *y* not in Al.

3.443. *alteración*: Al adds *que tenía*.

3.451. *con él asenté*: 'entered his service'.

3.455. *hacienda*: 'affairs'.

3.456. *no más de por no*: 'merely to avoid'.

3.459. *errábades = errábais*; see **2**.109.

en no quitárselo: *no* not in Al, An.

3.462. *comedirse*: 'be disposed to'.

3.463. *ganarme por la mano*: 'forestall me'.

3.466: *mochacho*: An *muchacho*.

3.468. *te hago*: Al, An *hágote*.

vees: Al, An *ves*.

3.471. *fingiendo yo*: *yo* not in Al.

3.476. *deshonré*: 'scolded' here.

oficial: 'artisan' (or Shakespeare's 'mechanical').

3.477. *ponerle*: Al, An *poner en él*.

3.483. *manera*: B *maña*, probably an abbreviation for *manerr*.

3.485. *mucho de enhoramala*: 'confound you!'

3.488. *besoos*: Al, An *besos*.

3.489. *ansi*: An *asi*.

de aquel . . . sufrir: the sense is clear but the construction is unusual: one would expect *a aquel*. Perhaps *de* is on the analogy of *sufrir de una enfermedad*.

que me atestaba de mantenimiento: 'who gave me my fill of "God keep you"'.

3.497. *costanilla*: 'a steep street'—at that time in the best part of Valladolid.

3.498. *docientas veces*: Al *docientas*, An *docientos*.

3.503. *asiento*: 'position'.

3.505. *sacaran de su paso*: 'would not make them change their ways'; An *sacara*.

3.506. *servir con*: Al, An *servir a*.

3.507. *hombre*: a reference to the card game of *el juego del hombre* (the English 'ombre'). '*Juego del hombre*. Género de juego de naipes entre varias personas, con elección de palo, que sea triunfo, y el que le elige se llama hombre' (Aut.).

3.508. *malilla*: 'joker': 'Término del juego del hombre. La segunda carta del estuche, superior a todas menos a la espadilla . . . Se llama por translación el sugeto de mala intención, que con chismes y cuentos hace mal a otros, y por congraciarse los desaviene' (Aut.). The *escudero's* choice of metaphor is very appropriate.

3.509. *las más y las más ciertas*: i.e. *las más* [*veces*] *y las más ciertas* [*veces*]; Al *y lo más más cierto*, An *y las más ciertas*.

3.510. *comido por servido*: 'you serve only for your keep'.

3.511. *librados*: An *librado*; *librados en la recámara en* . . .: 'paid in old clothes from the wardrobe, with . . .'

3.513. *un hombre*: Al, An *hombre*.

3.515. *Por Dios*: Al *Par Dios*.

3.516. *privado*: 'favourite'.

pienso que fuese: *pensar* + the subjunctive (instead of the modern conditional) was regular in the sixteenth century: see Keniston, 29.532.

3.518. *reílle hía = le reiría*: cf. **1**.264.

3.519. *decirle*: Al, An *decille*.

3.520. *cumpliese*: 'would be for his good'.
diligente en: 'attentive to'.

3.521. *no hacer*: *no* is redundant.

3.523. *donde lo*: Al, An *donde él lo*.

3.524. *riñese*: Al, An *reñiese*.

3.525. *algún*: Al, An *alguno*; *algún su criado = algún criado suyo*.
puntillos: 'sly remarks'.

3.527. *de lo que bien le estuviese*: 'of whatever mattered to him'.

3.528. *malsinar*: 'backbite, slander'.

3.535. *le halle*: *le* could refer to the *señor de título* the squire seeks or (more probably) to *ventura*.

3.540. *y de dos en dos*: Al, An *y de dos*; the phrase seems to mean: 'adding up the months by twos'.
le alcanzaron . . . alcanzara: 'they made out that he owed more than he would earn in a year'.

3.543. *una pieza de a dos*: 'doubloon'.

3.548. *estotra = esta otra*.

3.549. *le responden*: A¹, An *les r.*; *le* was sometimes used for *les*: see Keniston, 7.311. Cf. **3**.551: *díjele*: Al, An *díjeles*; **3**.562: *le respondí*: Al *les r*.

3.552. *desde que*: Al, An *desque*.

3.554. *de que*: 'as soon as'.

3.555. *helos do vuelven luego*: 'they came back at once'.

3.558. *desembaraẓada*: 'empty'.

3.560. *paños de pared y alhajas de casa*: 'hangings and furniture'. For *alhaja* in this sense, see Corominas, I, 124.

3.570. *en otra tal*: 'in such a tight corner as this'. Some have seen in the phrase an allusion to the song:

> Señor Gómez Arias
> duélete de mí,
> que soy niña y sola,
> y nunca en tal me vi.

3.571. *e infinitas*: not in Al.

3.572. *trabado*: 'seized'.

3.573. *no vía*: Al *no lo veía*.

3.574. *lo que*: Al, An *lo que me*.

3.575. *todo*: not in Al, An.

3.577. *escribano*: Al *scribano*.
  escrebir = escribir: Al *escribir*.

3.583. *entregar*: 'repay'.

3.588. *le dije yo*: Al, An *les dije*.

3.594. *vuestras*: Al *vuesas*.

3.595. *cuanto el = en cuanto al* (see Keniston, 41.32): 'as for the boy, poor little devil . . .'

3.600. *derechos*: 'costs'.

3.604. *a aquél*: Al *aquel*.

3.605. *porquerón*: 'constable'.
  aunque: Al, An *y aunque*.

3.607. *pagara*: 'must have paid': see Keniston, 32.87.

3.608. *pues el tiempo . . . alquilando*: 'for when it should have been resting from its past labours, it was hired out again'.

3.610. *do*: 'whence'.

3.612. *podría*: Al *podía*.

  hacía mis negocios, etc.: the construction is characteristically jumbled, but the sense is clear: 'arranged my affairs so contrarily that, though masters are usually deserted by their servants, in my case I was deserted by my master'.

3.614. *ansí*: An *así*.

TRATADO CUARTO

(Omitted by *Laẓ. cast.*)

(Title) *se*: not in Al.
  de la Merced: not in Al.

4.1. *el cuarto*: i.e. *amo*.
  de la Merced: not in Al.

4.2. *que = a quien*.

4.4. *perdido por*: 'passionately fond of', but perhaps retaining something of 'damned'.

4.5. *visitar*: An *visitas*.

TRATADO QUINTO

(Omitted by *Laz. cast.*)

(Title) *se*: not in Al.

> *buldero = bulero*: 'pardoner'.

5.2. *echador*: 'vendor, trafficker'.

> *dellas*: i.e. of *bulas* ('indulgences' here).

5.3. *que nadie*: *que* not in Al, An.

5.9. *duraznos*: a variety of peach.

> *cada sendas = sendas*: 'one each'.
> *verdiñales =* 'green'.
> *Ansí*: An *Así*.

5.12. *suficiencia*: 'learning'.

5.15. *romance*: 'Spanish'.

5.17. *reverendas*: 'letters dimissory' (from a bishop authorising a priest to be ordained in another diocese). The play on words is untranslatable.

5.18. *Santo Tomás*: St. Thomas Aquinas.

5.20-1. *por bien . . . por mal*: 'willingly . . . against their will'.

5.24. *suficiencia*: 'cunning, ability' here.

5.25. *La Sagra de Toledo*: the country N.E. of Toledo.

5.28. *Estaba dado al diablo con aquello*: 'he was furious about it'.

5.29. *se acordó de*: 'decided to'.

5.30. *Despedir* refers to the ceremony of leave-taking when a *buldero* moved on. See A. Rumeau in *Les Langues Néolatines* No. 163, 2-7.

5.31. *jugar*: 'play for, gamble for'.

> *colación*: 'night-cap': 'Los antiguos también solían dar después de la cena, antes de irse a acostar, una colación de confitura para beber' (Covarrubias).

5.38. *procurándose*: Al *p. de*.

5.40. *cargase*: 'thronged'.

5.43. *predicaba que*: *que* not in Al, An.

5.44. *que los del pueblo*: *que* is redundant.

> *bastaban a*: *a* not in An.

5.45. *el alguacil*: Al, An *al a*.

5.48. *se fue*: not in Al; *se fue y*: not in An.

5.52. *mesmo*: Al, An *mismo*.

> *riñendo*: Al *riñiendo*.

5.53. *tras que*: 'in addition to, on top of'; Al, An *atrás que*.

5.59. *cuerdamente*: 'calmly' here.

5.68. *no soy parte en ellas*: 'I have nothing to do with them.'

> *la vara*: his rod of office.

5.74. *el*: Al, An *al.*
5.75. *les fue a la mano*: 'prevented them'.
5.77. *ansí*: An *así.*
5.82. *hay más*: Al, An *más hay.*
5.85. *puestas las manos*: 'joining his hands' (in prayer).
ansí: An *así.*
5.89. *lo perdono*: Al, An *le p.*
5.98. *meta*: *se* understood.
estados: one *estado* = 7 feet.
do: 'whence'.
5.104. *cae de su estado*: see **3.75.**
5.113. *Bien se le emplea*: 'it serves him right'.
5.120. *daba las manos llenas . . . en los hocicos*: probably 'gave them plenty to do and, if they didn't look out, punched them on the nose'.
5.122. *A todo esto*: Al *a todo eso.*
5.124. *que* = *de modo que.*
planto = *llanto.*
5.125. *no eran parte para*: 'weren't enough to'
apartalle: Al *apartarle.*
5.128. *estaba*: Al *se estaba.*
5.130. *podría*: An *podía.*
5.135. *alderredor*: Al, An *alrededor.*
5.137. *habíades* = *habíais.*
5.144. *a que*: Al, An *aquí.*
5.145. *de perdonar*: *de* not in Al.
5.146. *sano*: Al *santo.*
5.147. *dél* = *de él.*
5.149. *comenzaban*: Al *comenzaron.*
5.156. *quería*: Al *querría.*
5.159. *arrepintiese*: Al *arrepentiese.*
5.161. *púsosela*: i.e. the pardoner presumably puts it on the *alguacil's* head to cure him, not (as some have thought) on his own.
5.164. *demandóle perdón y confesó*: Al, An *demandándole perdón confesó.*
5.170. *priesa*: Al *prisa.*
5.176. *alderredores*: Al *alrededor*, An *alrededores.*
5.178. *él hizo*: Al, An *se hizo.*
ensayo: 'algunas veces significa el embuste de alguna persona' (Covarrubias): i.e. 'trick' here.
5.179. *que ansí*: Al, An *que ansí* [An *así*] *era.*
5.181. *industriado*: 'arranged, rigged'.
5.182. *amo*: Al here inserts another interpolation (see Appendix, no. 2).
5.184. *deben*: Al, An *deben de.*
5.187. *fatigas*: Al adds another short passage (see Appendix, no. 3).

TRATADO SEXTO

6.2. *los*: Al *las*.

6.5. *asno*: Al, An *buen asno*.

echar agua: 'sell water'.

cibdad = ciudad: Al, An *ciudad*; another example of the more archaic character of B.

6.7. *mi boca era medida*: 'my needs were satisfied'; cf. *Don Quijote*, II, 59: 'A lo que el huésped respondió que su boca sería medida; y así, que pidiese lo que quisiese.'

6.9. *y los sábados ; . . . treinta maravedís*: 'on Saturdays I kept my earnings, and also everything above thiry *maravedís* that I earned on weekdays'.

6.12. *con poner en la ganancia buen recaudo*: 'by taking good care of my earnings'.

6.14. *tranzada = trenzada*: 'braided' here.

6.15. *puerta*: 'vent'?

frisada: 'fringed'.

6.16. *Cuéllar*: a town in the province of Segovia once famous for its swords.

TRATADO SÉPTIMO

(Title) *se*: not in Al.

7.3. *corrieron*: 'chased'.

7.4. *retraídos*: fugitives from justice who take sanctuary in a Church.

7.5. *trataron*: Al *tratáronle*.

7.7. *haría mi asiento*: 'I would settle'.

7.11. *pasados*: Al *pasadas*.

7.12-13. *viendo que . . . tienen*: not in *Laz. cast.*

7.13. *vivo*: An *yo vivo*.

7.16. *en almonedas y cosas perdidas*: *pregonar* to be understood throughout.

7.18. *hablando en buen romance*: 'to speak clearly, not to beat about the bush'. Here Al inserts another interpolation (Appendix, no. 4).

7.19. *yo*: An *y yo*.

7.25. *arcipreste*: Al *acipreste*.

Sant Salvador: a parish in Toledo.

7.32. *acipreste*: Al *el acipreste*, An *arcipreste*.

7.33. *en veces = en varias veces*: i.e. taking all those occasions together they would add up to *una carga*: 'in bits and pieces, drib-drab'.

al pie de: 'about, approximately'.

7.34. *y cuando*: 'sometimes'.

7.36. *todas las*: i.e. (*domingos y*) *fiestas*.

7.37. *ni faltarán*: not in An.

7.38. *y si sé qué, de que*: An *y si sé, que*.
    guisalle: Al *guisarle*.

7.39–40. *y mejor les ayude Dios que ellos dicen la verdad*: 'but God be more kind to them than they are truthful'. Here Al inserts another interpolation (Appendix, no. 5).

7.41. *que se pague de*: 'who takes pleasure in'.

7.45. *no me maravillaría*, etc.: 'I shouldn't be surprised if someone . . . [were to misinterpret matters]'.

7.51. *deso = de eso*.

7.57. *maldiciones*: An *mil m*.

7.58. *hobiera*: Al, An *hubiera*.

7.60. *otorgamos*: 'promised'.

7.68. *amigo*: Al, An *mi amigo*.

7.70. *si me quieren . . . mi mujer*: 'if they try to make trouble between me and my wife'; *quieren*: Al *quiere*.

7.73. *sobre la hostia consagrada*: not in *Laz. cast*.

7.74. *Quien*: Al, An *y quien*.

7.75. *yo me mataré con él*: 'I'll fight him'.

7.77. *mesmo*: Al *mismo*.

7.79. *regocijos*: Al, An add *y fiestas*.

7.81. *fortuna*: Al adds a few words (Appendix, no. 6).

INDEX